대천덕 신부에게 배운 **일곱가지**

나와 교회와 사회의 어둠을 '밝히는' 해결책!

대천덕 신부에게
배운 **일곱가지**

나와 교회와 사회의 어둠을 '밝히는' 해결책!

정미가엘 씀

사차원책

대천덕 신부님과 우리 모두에게

"지혜 있는 자는 궁창의 빛과 같이 빛날 것이요
많은 사람을 옳은 데로 돌아오게 한 자는 별과 같이 영원토록 빛나리라"
(다니엘 12:3)

* 이 책에서 미주는 하나 외에는 글을 읽는 데 방해되지 않도록 출처만 제시했습니다.

하나님의 때다, 이제 쇄신하자!

예수원을 내려온 지 17년이 넘었습니다. 청년기에 그곳에서 지낸 만 4년은 지금까지 삶에서 가장 값진 시간이었습니다. 무너진 내면이 회복됐고, 공동체를 경험했으며, 진리를 배웠습니다. 나는 예수원에서 다시 태어났습니다.

예수원을 설립하신 대천덕 신부님과의 인연은 헌책방에서 시작됐습니다. 책을 고르다가 맑은 얼굴의 서양인 할아버지가 특이한 건물 앞에서 찍은 표지가 눈에 띄었습니다. 이 할아버지가 풍기는 느낌에 끌려 책을 넘겼습니다. 그분이 대 신부님이고 그 책에 예수원이 있었습니다. 나는 그 전에 스치듯 '믿는 사람들이 함께 살면 참 좋겠다'는 생각을 했는데 그 책에 내가 생각한 삶이 있었습니다. 그때부터 공동체는 일생의 비전이 되었습니다.

얼마 뒤에 예정처럼 예수원에 들어가 신부님과의 인연이 열렸습니다. 신부님과 함께 예배드리고, 밥을 먹고, 노래하고, 여행하고, 회의도 하면서 그분의 인격을 경험했습니다. 신부님의 말과 태도에는 누추함이나 과장이나 억지나 군더더기가 없었습니다. 평온한 감정으로 필요한 말만 하셨고, 얼굴과 몸짓은 아이처럼 맑고 자연스러웠습니다. 세월이 지나며 그러한 인격은 성령님께 자신을 온전히 내드린 사람만이 맺을 수 있음을 알았습니다.

돌아가신 지 15년이 넘었지만 신부님의 가르침은 시효가 없습니다. 신부님의 가르침은 진리의 일부분이 아니라 하나님의 '온 마음'이자 '모든 정신'입니다. 한 사람의 그리스도인이 모두 갖춰야 하는 진리입니다. 우리는 이 진리를 부정확하게 알거나, 아예 모르거나, 알아도 외면하고 있습니다. 그 가르침 가운데 이 책에서 전하는 일곱 가지는 '묵은 것이나 폐단을 없애고 새롭게 하는 쇄신'이 '절실히' 필요한 우리가 당장 실행해야 하는 진리입니다.

우리에게 여러 가지 문제가 있지만 핵심은 '이기심'입니다. 가난극복이 가장 최우선이었던 지난 시절은 국민에게 '돈을 벌어 나와 내 가족이 떵떵거리며 살자'는 정신을 심어주었습니다. 이러한 정신이 교회에 들어와 교인에게 '네가 잘 먹고 잘 살기 위해 잘 믿고 예배 열심히 드리라'고 가르쳤습니다. 모두가 노력해 가난을 극복했지만 이기심으로 출발한 동력은 여전히 강력한 힘으로 사회를 굴리고 있고, 그것은 교인도 마찬가지인 가운데 어느 때부터 하나님이 아니라 이기심을 섬기는 지경이 되었습니다. 이 이기심의 왕좌에는 돈이 자리하고 있습니다. 성경은 이기심으로 표현되는 '개인주의'를 악하게 여기고, 탐심을 '우상숭배'라고 하지만 우리는 돈을 더 벌겠다는 탐심을 키우며 자신을 만족시키려는 행태를 이어갑니다.

개인주의 신앙에는 '이웃'이 없습니다. 기독교 신앙은 '네 이웃을 네 몸처럼 사랑하라'가 핵심인데도 우리는 내 몸에 집중하느라 이웃을 잊어버렸습니다. 성경이 '하나님을 사랑하는 사람은 이웃을 사랑한다'고 하므로 이웃을 잊었다는 말은 '하나님을 잊었다'는 뜻입니다. 이웃을 사랑하지 않으면 하나님을 사랑하는 사람이 아닙니다. 우리는 나를 섬기느라 하나님을 버렸습니다.

돈을 벌어 나를 섬기면 행복하겠다는 생각은 마귀의 속임수입니다. 이러한 정신은 사람을 불신하게 돼 이웃과의 소외를 가져왔고, 그러면서 하나님과도 멀어졌으며, 하나님을 떠나면 찾아오게 되는 불신, 불안, 근심, 초조와 같은 악령이 우리의 영혼에 똬리를 틀어 돈도 있고 폼도 나지만 그 내면은 처참합니다.

이제 쇄신이 필요합니다. 살기 위해, 제대로 살기 위해, 행복하게 살기 위해 쇄신해야 합니다. 감사하게도 하나님께서 나와 교회와 사회를 살리는 가르침을 벌써 신부님에게 주셨습니다. 이 사실을 옥상에서 외치고 싶습니다!

그렇다고 이 책이 신부님의 가르침을 앵무새처럼 말하는 것은 아닙니다. 신부님의 가르침이 내 삶에서 확증되기 위해 그리고 자신 있게 전하기 위해서 그 뒤로 많은 세월이 필요했습니다. 실패도 겪고 넘어지기도 했지만 그때마다 세워주시는 하나님의 손에 이끌려 여기까지 왔습니다. 이러한 시간을 겪으면서 내게도 나눠야 하는 물이 고였습니다. 하나님께서 한국 교회에 새로운 일을 시작하려고 하십니다.

그때 나를 받아 준 예수원 가족에게는 언제나 감사합니다. 노새 같은 나를 이끌어 주신 하나님께는 찬미를 드립니다. 이 책을 쓰면서 성령님께서 도와주시지 않으면 글도 쓰지 못하는 경험을 했습니다. 성령님께서 필요한 자료와 알맞은 문장과 힘을 주셔서 끝맺게 되었음으로 박수를 드립니다. 마침 오늘 생일을 맞으신 예수님께는 예수님이 다스리시는 나라의 백성이 어서 되고 싶은 소망으로 영광을 돌립니다.

2017년 성탄절에 정미가엘

차   례

C 하나

성령님을 따라야 산다

1. 성령님은 야전사령관이시다

창조세계에는 하나님을 대적하는 세력이 있다. 이들은 아담과 하와를 타락시킨 이래 지금까지 그리고 앞으로도 하나님의 자녀인 우리를 파멸시키려고 온갖 공작을 진행한다.

이 악한 영들은 우리 몸에 병과 장애를 준다. "그러면 십팔 년 동안 사탄에게 묶였던 이 아브라함의 딸을 안식일에 이 묶임에서 푸는 것이 합당치 아니하오?"(눅 13:16).

정신을 장악해서는 범죄, 살인, 만행 등을 저지르게 한다. 다음날 하나님께서 사울에게 악령을 보내시자 사울이 왕궁에서 발작을 일으키며 미친 사람처럼 떠들기 시작하였다. 그래서 다윗은 전과 같이 수금을 타기 시작하였다. 이때 사울이 갑자기 창을 손에 들어 다윗을 벽에 박아 버릴 생각으로 내던졌다(삼상 18:10-11). 헤롯 왕은 아기 예수님을 죽이려고 두 살 아기를 모조리 학살했다. 헤롯은… 군인들을 베들레헴과 그 인근 마을로 보내어 두 살 이하의 사내아이를 모조리 죽이도록 하였다(마 2:16). 예수님을 팔아넘긴 가룟 유다의 배신은 사탄이 한 일이다. 열둘 중에 하나인 가룟인이라 부르는 유다에게 사탄이 들어가니(눅 22:3). 사탄은 베드로도 넘어뜨리려고 했다. "시몬이여, 시몬이여, 사탄이 그대를 밀 까부르듯이 까부르려 하고 있소. 그러나 그대가 믿음을 잃지 않도록 내가 기도했소"(눅 22:31-32). 사탄은 초대 교회를 파괴하려고 했다. 베드로가 말했다. "아나니아여 어찌하여 사단이 그대의 마음에 가득하여 그대가 성령을 속이고 땅값 얼마를 감추었소"(행 5:3).

사탄은 우리의 일을 막기도 한다. 그래서 나 바울은 두 번이나 여러분에게 가려고 하였으나 사탄이 우리를 막았습니다(살전 2:18). 마귀는 우리를 넘어뜨리려고 호시탐탐 노린다. 근신하시오. 깨어 있으시오. 여러분의 대적 마귀가 우는 사자같이 두루 다니며 삼킬 자를 찾고 있습니다(벧전 5:8). 교회를 파괴하려고 교회에 자기 세력을 심어 놓는다. "가라지를 심은 원수는 마귀요 추수 때는 끝이요 추수꾼은 천사들이니"(마 13:39). 사람이 하나님의 말씀을 듣지 못하게 방해하는 것도 마귀다. "길가에 있다는 것은 말씀을 들은 자니 이에 마귀가 와서 그들이 믿어 구원을 얻지 못하게 하려고 말씀을 그 마음에서 빼앗는 것이요"(눅 8:12). 어떤 신자는 예수님을 버리고 사탄에게 돌아가기도 한다. 이미 사탄에게 돌아간 사람들도 있습니다(딤전 5:15).

이렇듯이 보이지 않는 영체인 귀신과 마귀와 사탄은 우리를 파괴하려고 하는데 성경은 이 영체들과 싸우라고 한다. 우리가 싸워야 할 적들은 살과 피를 가진 사람이 아니라 육체가 없는 자들입니다. 그들은 눈에 보이지 않는 세상의 악한 지배자들과 강력한 존재와 이 세상을 지배하는 어둠의 왕들과 영의 세계에 있는 무수한 악령들입니다(엡 6:12). 문제는 사람에게는 마귀를 이길 힘이 없다는 점이다. 몸을 가진 우리는 3차원에서 살고 악한 영들은 4차원에서 활동하는데 무슨 수로 영체를 이긴단 말인가. 사람은 영체에게 필패한다.

그런데도 성경은 우리에게 마귀를 대적하라고 한다. 마귀를 대적하시오 그리하면 여러분을 피할 것이오(약 4:7). 더구나 예수님은 우리에게 마귀에게 사로잡힌 사람들을 구출해 교회로 들이라는 사명까지 주셨다. "그러므로 여러분은 가서 모든 민족을 제자로 삼아 아버지와 아들과 성령의 이름으로 세례를 주고 내가 여러분에게 분부한 모든 것을 가르쳐 지키게 하시오"(마 28:19-20). 우리가 무슨 힘이 있어서 나를 지키고, 마귀에게 붙들린 사람들을 구출해 교회로 들이며, 정치, 경제, 언론, 교육, 문화예술 등의 배후에서 활동하는 이 어둠의 세상 주관자들과 싸운단 말인가?

하나님께서 우리에게 지는 싸움을 맡기실 리가 없다. 우리는 이기는 싸움에 소집된 군인들이다. 우리 힘으로는 이기지 못하기 때문에 우리에게 성령님을 보내 주셨다. "오직 성령이 여러분에게 임하시면 여러분이 권능을 받고 예루살렘과 온 유대와 사마리아와 땅 끝까지 이르러 내 증인이 될 것이요"(행 1:8). 그러므로 우리가 성령님과 사귀고 따르며 그분의 능력으로 일해야 하는데 많은 교인들이 성령님에 대해 모르거나 오해하거나 아예 무시한다. 한국 교회에서 말씀의 가치에는 거의 이견이 없지만 성령님에 대해서는 세 가지 태도가 있다.

첫째, 성령님과 관계를 나눈다.
둘째, 성령님을 무시하지는 않지만 인격으로도 인정하지 않는다.
셋째, 성령님의 역할은 끝났다며 무시한다.

둘째와 셋째에 해당하는 분들은 교회와 신학교에서 성령님에 대해 배우지 못했거나 또는 성령님을 부정하는 말을 들었거나 아니면 성령님에 관한 언짢은 경험을 했을 것이다.

우리 교계에서 영향력이 큰 어느 목사님이 설교에서 이런 말씀을 가끔 하신다. 당신이 신학교를 다닐 때 자신은 방언을 못했는데 어느 학우가 유창하게 방언을 했단다. 그런데 그 학우가 학교시험에서 부정행위를 했고, 그 목사님은 방언하는 사람이 부정행위를 한다며 평생 방언을 무시하신다. 부정행위를 미워하는 인격은 존중받아야겠지만 부정행위와 방언과는 아무런 인과관계가 없다. 우리의 인격으로 나타나는 성령님의 열매와 방언 등으로 나타나는 성령님의 은사는 '한 성령님이 하시는 다른 역할'이라는 점을 안다면 전혀 실망할 게 없다. 열매는 많아도 초자연능력은 없는 사람이 있고, 초자연능력은 있어도 열매가 부족한 사람이 있다. 이러한 현상은 교인 자신이 성령님의 열매를 맺으려고 노력했느냐 하지 않았느냐, 능력을 구했느냐 구하지 않았느냐에 따른 결과다(열매와 능력의 차이점은 다음 장에서 설명하겠다).

어떤 신학교에서는 성령님을 축소해 가르치거나 아예 무시한다. 이런 가르침을 배운 학생이 목회자가 되면 성령님을 모르거나 무시하게 되고, 이런 목회자에게 배운 교인들도 성령님에 대해 같은 태도를 가지게 된다.

이렇듯이 어떤 독특한 경험이나 무지가 성령님을 모르거나 무시하게 만든다.

우리는 성경과 더불어 성령님을 의지해야 악한 영들을 이긴다. 예수님은 죽으시기 전날에 제자들에게 당신이 떠나가는 게 제자들에게 유익하다고 하셨다. "그러나 사실은 내가 떠나가는 것이 여러분에게 유익하오. 만일 내가 가지 않으면 보혜사가 오실 수 없소. 내가 가야 그분이 오시오. 내가 가서 그분을 보낼 것이기 때문이오"(요 16:7). 몸을 입은 예수님은 시공간의 제약을 받으셨지만 성령님은 시공간의 제약을 받지 않으시고 같은 시간에 수많은 장소에서 우리를 도울 수 있다. 예수님이 오합지졸 같은 제자들에게 세계선교를 맡기고 승천하실 수 있었던 까닭은 성령님을 보내시려는 뜻이 있었기 때문이다. 약속대로 오신 성령님은 사람들의 마음 안에 계시며 성령의 열매를 맺게 해 주시고, 하나님과 그리고 이웃과 코이노니아로 연합하게 하신다. 또 우리가 마귀의 일을 깨부수고 하나님의 나라를 이 땅에 세우도록 초자연능력도 부어 주신다. 성령께서는 교회 전체의 유익을 위해서 우리 각 사람을 통하여 전능하신 하나님의 능력을 나타내 주십니다(고전 12:7). 이밖에도 성령님은 우리를 진리 가운데로 인도하시고, 회개하게 하시며, 올바로 판단하는 지혜도 주신다. 성령님은 우리가 의지하고 따라야 하는 '야전사령관'이시다. 우리 싸움의 승패는 성경에 뿌리를 박고 사령관이신 성령님을 얼마나 의지하고 따르느냐에 달렸다. 예수님을 보라. 성령으로 잉태되셨고, 요단강에서 성령님의 능력을 받고 사역을 시작하셨으며, 성령님의 능력으로 배척자들의 심중을 꿰뚫어 보셨고, 귀신을 쫓고, 병을 치료하시며, 죽은 사람도 살리셨다.

"이는 힘으로 되지 않고 능으로도 되지 않으며 오직 나의 신으로 된다"(슥 4:6).

많은 교인이 성령님을 외면하고 자신의 머리와 팔로 일한다(나 같은 목회자도 교인이다). 어떤 교회는 고린도 교회처럼 능력은 많이 나타나지만 성령님의 열매가 부족해 교인 간에 갈등이 많다. 우리가 성령님의 부분만을 취하면 균형을 잃는다. 우리는 성령님의 모든 역할을 이해하고 모두 받아들여야 성숙에도 이르고, 능력도 나타나며, 온전한 그리스도의 몸을 이룬다. 우리에게 맡겨진 전쟁을 감당하려면 야전사령관이신 성령님을 따라야 한다.

2. 열매는 그리스도인의 표식이다

여러분의 몸은 하나님께서 여러분에게 주신 성령의 집이며 성령께서 여러분 안에 살고 계신다는 것을 아직 모르십니까?(고전 6:19).

구약시대에는 성령님이 사람 안에 계시지 않았다. 그런데 하나님께서는 대언자를 통해 성령님을 사람 안에 두겠다고 약속하셨다.

"나 여호와가 말한다. 보라, 날이 곧 이를 텐데 내가 이스라엘 집과 유다 집에 새 언약을 세우리라"(렘 32:31). "그러나 내가 이스라엘과 체결하려는 새 언약은 옛 것과 완전히 다른 것이다. 이 계약은 내가 각 사람과 각각 체결하겠다. 나는 이제 내 새 계약을 돌판에 써서 그들에게 주지 않고 그들 각자의 마음과 양심에 새겨 놓겠다. 나는 이렇게 내 법을 그들의 가슴 속에 새겨 놓고 그들의 부드러운 살과 핏속에 넣어 주어 나는 그들의 하나님이 되고 그들은 내 백성이 되도록 하겠다"(32:33).

이스라엘은 하나님과 맺은 계약을 파기했다. 돌판으로 대변되는 율법을 어겼고 우상도 섬겼다. 이에 하나님께서는 이제는 돌판이 아니라 각 사람의 마음에 율법을 지키고 싶은 마음을 넣어 주어 각 사람이 율법을 지킴으로 하나님과 관계하도록 하겠다는 새 언약을 주셨다. 이 말씀이 성령님을 각 사람의 마음에 주시겠다는 약속이고, 이 약속은 에스겔의 대언에서 분명하게 나타난다.

"또 새 영을 너희 속에 두고 새 마음을 너희에게 주어 너희 육신에서 굳은 마음을 제하고 부드러운 마음을 주리라. 또 내 영을 너희 속에 두어 너희가 내 율례를 행하게 하리니 너희가 내 규례를 지켜 행할 것이다"(겔: 25-26).

새 영은 성령님을 말한다. 이스라엘은 실패했지만 이제 성령님을 각 사람의 마음에 보내주면 새 사람이 되어 율례와 규례를 지키게 된다는 말씀이다. 율례와 규례는 예수님께서 두 가지로 정리하셨듯이 '하나님을 사랑하고, 네 이웃을 네 몸과 같이 사랑하라'다.

정리하면, 구약의 긴 역사에서 사람은 스스로의 힘으로는 하나님의 말씀을 지키지 못한다고 확인되었다. 사람은 실패했다. 하지만 성령님의 힘으로는 이웃사랑이 가능함으로 성령님을 각 사람의 마음에 주시겠다는 말씀이다.

그래서 예수님께서 밤중에 찾아온 니고데모에게 이런 말씀을 하실 수 있게 되었다. "진실로 진실로 그대에게 말하오. 사람이 물과 성령으로 거듭나지 않으면 하나님의 나라에 들어갈 수가 없소"(요 3:5). 물은 세례고, 하나님 나라에 들어가는 열쇠는 '성령으로 거듭남이다born again.' 성령님을 마음에 모신 사람은 성령님으로 다시 태어난 사람이고, 이런 사람만이 하나님의 나라에 들어가는 자격을 얻는다. '내주하시는 성령'은 하나님의 새 약속이고 하나님께서 이 약속을 지키셔서 성령님이 각 그리스도인에게 오셨다.

성령님이 내주하시므로 거듭난 사람은 천국에 들어갈 때까지 '그리스도의 장성한 분량까지 자라가는 여정'을 출발했다. 태어난 아기가 자라듯이 거듭난 사람도 자란다. 그리스도의 장성한 분량이라고 표현되는 성령님의 열매를 보자.

오직 성령의 열매는 사랑과 기쁨과 화평과 오래 참음과 자비와 양선과 충성과 온유와 절제니(갈 5:22-23).

구원 받은 사람이라고 보증해 주는 자격증은 따로 없다. 그렇지만 성령님으로 거듭난 사람은 그 사람의 전 인격으로 확인된다. 참다운 그리스도인이라면 성령님의 아홉 가지 성품이 반드시 나타나기 때문이다. 교인이라면서 아홉 가지 성품을 맺지 못하는 사람이 있다면 그 사람은 문제가 크다. 열매를 더디게 맺는 사람도 있지만 더디더라도 반드시 변화가 일어나야 하나님의 자녀다. 성령님의 아홉 가지 열매는 그리스도인이라는 영광스런 '표식'이다. 이 열매는 그 사람의 얼굴과 말과 태도에서 나타난다. 우리는 서로의 열매를 확인할 수 있다. 감춰지지 않고, 감출 수도 없다. 우리는 이 열매를 매일 맺어야 한다.

따라서 우리는 아홉 가지 열매에 깊은 관심을 두어야 한다. 성품의 어느하나가 부족하면 그 약한 부분으로 인해 그 자신에게는 물론이고 가정, 교회, 직장에서도 문제가 일어난다. 아나니아와 삽비라가 자기 재산을 팔아 일부를 감추고도 전부를 내놓은 양 행세한 배경에는 두 사람에게 '자신의 재산을 나눠 주는 마음'인 '양선良膳'이 부족했기 때문이다(행 5장). 교회에서 일어나는 마찰과 대립은 대부분이 교인들에게 열매가 부족해 일어나는 문제다. 열매가 부족하다는 말은 '미성숙하다'는 뜻이다. 교회에서 일어나는 대부분의 문제는 교인들에게 성령의 열매가 부족해서, 미성숙하기 때문에 일어난다.

다음에 소개할 각 열매들마다의 특성은 대천덕 신부님의 가르침이다. 내가 경험한 대 신부님은 성령의 아홉 가지 열매가 가장 풍성한 분이셨다. 신부님이 성령님과 어느 정도로 깊은 관계를 나누셨는지를 보여주는 일화가 있다. 우리 교계에 널리 알려진 어느 목사님이 청년 시절에 예수원에 갔었던 이야기를 다음과 같이 썼다.

1976년, 함께 섬기던 형제들과 강원도 예수원에 가서 대천덕 원장의 삶을 접할 수 있었던 것도 큰 도전이 아닐 수 없습니다.… 밭일을 하다가 갑자기 비가 내리니까 "하나님. 비 오지 않게 해 주세요." 하는 말도 안 되는(?) 기도를 하시는 것입니다. 그런데 정말 비가 뚝 그치는 것이었습니다. 정말 놀라운 일뿐이었습니다. 저는 그런 광경을 보며 한마디로 숨이 멎는 것 같았습니다. 거기서는 모든 일을 성령님께 철저히 의지하고 있었습니다. 병에 걸려도 기도로 치유하고, 누구를 만나러 가면서도 성령님을 의지하고 도움을 요청했습니다. '뭐 이런 세계가 있을까?' 싶으면서도 정신이 번쩍 들었습니다. 그분은 성령 골수 분자 같았습니다.[1]

신부님은 우리의 상상 이상으로 성령님과 깊은 관계를 나누었고, 그 결과로 성령님의 열매가 풍성하게 인격에 나타났다. 그러므로 신부님이 직접 말하시는 각 열매의 특성은 매우 값진 가르침이다. 이 가르침을 내가 풀고 보완했다.[2] 우리 모두에게 이 아름다운 열매가 나타나기를 바란다.

사랑

사도 요한이 하나님은 '사랑'이라고 말할 때 '아가페'라는 단어를 썼다. 헬라어에는 사랑이 네 개나 되는데 '아가페'는 감정이 아닌 냉정한 사랑, 의지로 하는 사랑을 말한다(감정으로 하는 사랑은 '에로스'다). 아가페는 어떤 사람이 사랑 받을 만한 아무런 조건이 없어도 그 사람을 사랑하겠다고 '의지로 결정하고 지속하는 태도'를 말한다. 감정으로 하는 에로스는 기분에 따라 변하지만 의지로 하는 아가페는 변하지 않는다. 하나님은 우리를 아가페하겠다고 결정하셨기 때문에 하나님의 사랑은 변함이 없다. 예수님께서 우리에게 '원수를 사랑하라'고 하셨는데 사람이 무슨 수로 원수를 사랑한단 말인가! 사람의 심성으로는 하지 못하지만 성령님을 통해 맺어지는 아가페로는 가능하다. 내게 해악을 끼진 사람에게 감정으로는 미움이 생기지만 의지로 사랑하겠다고 결정하고 할 수는 있다. 의지로 하는 사랑이 아가페다.

기쁨

우리는 기분이 좋아야 기쁨이 나온다고 생각하는데 성령님의 열매인 기쁨은 감정에서 나오는 기쁨이 아니다. 기쁨은 하나님은 믿을 만한 분이므로 진정으로 섬기고 기꺼이 따르는 신뢰에서 나온다. 하나님께서 나에 대해 항상 좋은 계획을 가지고 계신다는 믿음이 있음으로 기쁨이 나온다. 나쁜 일이 생기더라도 선으로 바꾸실 줄 알고 기뻐하게 된다. 나에 대해 가지신 모든 계획을 신뢰하기 때문에 기쁨이 나온다. 이런 태도를 가지면 하나님께서 내 태도를 아시므로 내 안에서 기쁨이 나오게 된다. 기쁨은 어려운 문제 앞에서도 낙심하지 않게 해 준다. 기쁨이 부족하거나 없으면 슬프게 돼 판단력이 흐려져 잘못된 말을 하고, 엉뚱한 길로 가게 된다. 하나님은 좋은 분이므로 우리에게 좋은 것만 주시고 좋은 곳으로만 인도하신다는 사실을 믿으시라.

1998년으로 기억한다. 2년차 수련시절에 3개월 수련을 함께 받은 동기들과 대 신부님의 사무실 앞에서 찍었다. 오른쪽이 필자다.

화평

화평和平은 자신과의 화평, 이웃과의 화평, 하나님과의 화평이 있다. 자신과 화평하지 않은 사람들이 많다. 내면이 불건강한 부모 아래에서 받은 양육, 성적으로 학생을 평가하는 학교, 졸업한 대학으로 사람을 평가하는 사회 등에서 자신을 미워하고 멸시하며 불화하게 된다. 내 안에 성령님이 오시면 화평이 시작되고, 더욱더 성령님과 좋은 관계를 유지해 가면서 화평은 풍성히 맺힌다. 먼저 자신과 화평을 이루면 그다음에 이웃과도 화평할 수 있다. 이웃과 불화하는 사람은 자신과 화평이 없는 사람이고, 하나님과도 화평을 이루지 못한 사람이다. 자신과 불화하는 사람은 불행하다. 그의 가정과 교회에도 불화가 일어난다. 내 안에 성령님을 모시면 화평이 시작된다.

오래 참음

대 신부님은 오래 참음에 대해 이렇게 말하신다.

오래 참음은 영원히 참는 것이 아닙니다. '오래'와 '영원'은 다른 말입니다. 오래 참음은 하나님께서 참으라고 할 때까지 참는 것입니다. 하나님께서 이제 그만 참고 말하라고 할 때 더 참지 않고 말할 수 있는 것입니다. 흔히 사람들이 잘못했을 때 책망하며 욕까지 합니다. 그때 하나님께서 '참아라, 참아라!'하셔서 하루 이틀 참고 시간이 흐르면 마음속에서 화가 없어집니다. 그러면 객관화해서 그 상대를 볼 수 있게 됩니다. 마침내 주님이 책망해도 된다고 하실 때 책망하면 효과가 있습니다.… 오래 참기는 어렵습니다. 그러나 성령님께서 마음속에 계셔서 오래 참음을 주시는 것입니다. 오래 참고 때가 와서 더 이상 참지 말고 책망하라고 하실 때 책망해야만 효과가 있고 또 상처를 받지 않고 그가 변화됩니다. 그 사람에게 유익하기 위하여 오래 참다가 말하는 것입니다.

참지 못해 가정과 교회와 사회에서 충돌이 생긴다. 성령님의 열매를 맺지 못하면 마찰과 충돌을 반복하게 된다. 오래 참음이 되면 삶이 평온하다. 하나님께서 말하라고 하실 때까지 참다가 마침내 말해도 될 때는 '사랑을 품고 직접' 말해야 한다. 분노를 품거나 다른 사람에게 말하면 문제가 더 꼬이기 쉽다. 사랑을 품고 그 사람에게 직접 말해야 한다.

자비

국어사전은 자비를 '크게 사랑하고 가엾게 여김'이라고 하는데 성경이 말하는 뜻은 더 섬세하다.

자비란 말은 넓은 마음을 가지고 널리 이해할 수 있는 마음, 융통성 있는 마음, 상대방의 입장을 깨달을 수 있는 마음을 의미합니다. 사실 현대 교회에서 제일 부족한 것입니다. 교파 교파마다 자기들은 옳고 남은 틀리다, 이단이라는 소리가 자주 들립니다. 융통성이 너무 없습니다. 상대방의 입장을 너무 깨닫지 못합니다. 내 입장만 보고 내 입장만 내세우며 옳다고 주장합니다. 성령의 역사가 있으면 그럴 수 없습니다.

대 신부님은 공동체에서 규칙을 운용할 때에 융통성이 필요하다고 하셨다. 함께 사는 공동체에서 다른 사람의 입장을 이해하는 마음이 없으면 대립과 불신이 생긴다. 가정과 교회와 사회에서도 마찬가지다. 우리 사회에서 세대 간에, 지역 간에, 노사 간에, 교파와 교단 간에 대립과 불신이 심한 까닭은 서로의 입장과 처지를 이해하지 못하기 때문이다. 남편과 아내가, 부모와 아이들이, 목회자와 성도가, 교파와 교파가, 부자와 빈자가, 고학력자와 저학력자가, 사용자와 노동자가 상대의 입장과 처지를 이해해야 화평하고 협력하게 된다. 그리스도인이 자비를 맺음으로 교회와 사회에서 양측의 조정자가 되어야 한다.

양선

희랍말로 '아가토스'라는 말이 나옵니다. 그것은 좋다는 뜻입니다. 영어로 '좋다'는 말과 '재물'이라는 말은 다릅니다. 'good'는 단수로 '좋은 것'이라는 뜻이며, 'goods'는 '좋은 것들' 하면 재물(물질)에 대한 말입니다. 양선은 기를 양養 자와 착할 선善 자입니다. 그러나 어질 양良 자와 선물 선膳 자로도 표현합니다. 양선은 '자기에게 있는 좋은 것을 선물로 줄 수 있다'는 뜻입니다. 자기의 재물을 나누어 줄 수 있는 마음, 허락하는 마음, 코이노니아의 마음입니다.

내가 아는 어느 장로님은 수입의 많은 부분을 다른 사람을 돕는 일에 사용하신다. 어려움을 당했거나 필요가 있는 사람에게 선뜻 큰돈을 나누신다. 그 장로님은 "나누는 기쁨이 있어요"라고 하셨다. 기쁨이 있기 때문에 계속 나눈다. 자신의 좋은 것을 흔쾌히 나누는 마음이 양선이고, 나눌 때 누리는 기쁨이 있다. 양선은 사도 바나바에게 충분한 열매였다. 바나바는 착한 사람이요(행 11:24). 이때 '착한'이 '아가토스'다. 바나바는 자기 밭을 팔아 마련한 돈을 필요한 사람들에게 나눠 주라고 사도들에게 내놓았다.(행 4:37).

충성

충성은 내 몸을 바쳐서 한 가지 목적을 위해 살겠다고 결정하는 것입니다. 많은 사람이 신앙은 올바르지만 자신을 주님께 바치지 않습니다. 한국의 충무공 이순신은 훌륭한 인물이라고 생각합니다. 우리가 하나님의 신자로서 하나님의 충무공이 되어야 합니다. 다른 생각은 하나도 하지 않고, 핍박을 받든지 안 받든지 올바르게 천국을 위해 충무공이 되어야 합니다.

예수님은 두 주인을 섬길 수 없다고 하셨는데 그리스도인 가운데 돈과 명예와 권력을 주군으로 따르는 사람들이 있다. 돈과 명예와 권력에 충성을 바치면 하나님께 드릴 충성이 없다. 신부님의 권면처럼 우리 모두가 하나님의 충무공이 되어야 한다. 그럴 때 이순신 장군이 우리 역사에서 영원불멸하는 것처럼 우리도 하나님의 나라에서 영원불멸한다.

온유

우리가 보통 온유하다는 사람은 힘이 없고 화를 내지도 못하는 벌레와 같은 사람을 생각합니다. 그러나 성경에서의 온유는 특별한 뜻이 있습니다. 하나님을 위해, 하나님의 백성을 위해서는 무섭게 싸울 수 있지만 자기를 위해서는 절대 싸우지 않고, 체면을 세우지 않고, 자기의 입장은 생각하지 않는 사람이 온유한 사람입니다. 그런 사람이 되기 위해서는 어떻게 해야 합니까? 성령께서 내 마음속에 계신다면 자연히 그러한 사람이 될 수 있습니다.

신부님은 모세가 성경에서 가장 온유한 사람이라고 하신다. 모세는 금송아지를 섬기는 백성에게 대노해서 금송아지를 가루로 빻아 물에 타서 백성이 마시게 할 정도로 무서운 사람이었다. 모세는 하나님을 위해서는 무서운 사람이었지만 자신이 비판을 당할 때는 엎드려 기도만 했다. 신부님은 '하나님을 위해서는 싸우더라도 자신을 위해서는 싸우지 않는 이 태도가 바로 온유'라고 하신다. 우리가 온유한 사람이 되기를 힘쓰지 않으면 하나님께서 멸시 받을 때는 가만히 있고 자신이 비난 받을 때는 싸우는 사람이 된다.

절제

절제는 자신을 다스리는 인격이다. 자신의 말과 행동을 적절히 통제하는 능력이다. 특히 우리 사회는 말이 너무 많고, 나쁜 말을 너무 쉽게 사용한다. 말은 다른 사람을 아프게도 하고 공동체에 분란을 일으키기도 한다. '죽고 사는 것이 혀의 권세에 달렸다'는 사도 야고보의 가르침을 생각하면 절제가 얼마나 절실히 필요한지 알게 된다. 우리 그리스도인은 생활의 모든 면에서 절제를 유지해야 한다.

이 모두 얼마나 아름다운 성품인가! 우리 하나님의 성품은 얼마나 참되신가! 우리가 하나님의 자녀라면 아버지의 성품을 당연히 닮아야 한다. 이러한 성품을 어떻게 해야 풍성히 맺게 되는지를 보자.

3. 열매를 풍성히 맺는 방법

나는 교회사에서 성인聖人이라고 부르는 분들을 상상할 때 대 신부님과 같은 인격을 가진 분들이라고 이해한다. 신부님을 보고 성인의 인격과 삶은 저런 것이겠구나, 이해했다. 아래에 신부님이 말씀하신 '성령님의 열매를 맺는 방법'을 소개한다.

시편 1-3절을 보면, 나무가 열매를 맺기 위한 두 가지 조건이 있습니다. 강가에 심은 나무와 같다고 하는 말이 있지 않습니까? 왜 강가에 심습니까? 나무가 물을 빨아들여야 하기 때문입니다. 그렇지만 나무를 강물에 심으면 죽습니다. 나무를 흙에 심어야 강물이 흙을 통과해서 나무 안에 들어갑니다. 왜 흙을 통과해야 합니까? 흙에 필요한 성분이 있기 때문입니다. 물이 흙에 들어가 녹은 성분을 나무가 흡수해서 영양을 받아 열매를 맺을 수 있는 것입니다. 옥토와 물, 두 가지 조건이 필요합니다. 옥토에 심은 나무라도 물이 없으면 살 수 없습니다. 그리고 물이 많아도 흙이 좋지 못하면, 모래에 심으면 효과가 없습니다.

무슨 비유인가 하면 물은 성령이고 옥토는 성경을 표시합니다. 주의 율법(성경)을 주야로 묵상한다, 그래서 성경의 옥토 안에 뿌리를 박고 성령의 영향을 받아 올바르게 소화해서 열매 맺는 사람이 될 수 있다고 하는 말씀입니다. 성령님은 재료 없이 열매를 주시지 않습니다. 물속에 심은 나무는 열매를 맺지 못합니다. 사람이 성령만 생각하고 성경을 읽지 않으면 성령의 열매는 나오지 않습니다.… 성령의 충분함을 받고 성경에 깊이 뿌리를 박으면 우리는 하나님의 뜻을 이룰 수 있으며 열매 맺는 사람이 될 수 있습니다.[3]

요점은 성경에 뿌리를 박고 매일 성령님을 따라 사는 것이다. 그럴 때 우리 안에 계시는 성령님이 당신의 아홉 가지 성품을 우리의 인격에 맺게 해주신다. 신부님은 이를 '내적성령의 역할'이라고 부르셨다(능력은 '외적성령의 역할'이다). 성령님을 따르는 마음, 복종하는 마음이 있으면 성령님과 사귐이 가능하다. 대화가 이뤄진다. 어떤 사안이든지 내 생각과 감정을 솔직하게 말해도 된다. 아니 성령님께는 솔직하게 말해야 한다. 척을 하지 말고 솔직하게 해야 거짓이 전혀 없는 성령님께서 좋아하시고 대화가 이어진다. 친한 친구에게 속마음을 말하듯이 생각과 감정을 성령님과 나누라. 내 의견을 말해도 된다. 원망을 털어놓아도 된다. 성령님께 못할 말이 없다. 하지만 끝까지 복종하려는 마음이 있어야 한다. 이렇게 성령님과 관계를 쌓으면 복종하고 싶은 마음도 점점 커진다.

성령님을 거절하는 원인은 '육체의 욕망'이라고 불리는 '이기심'이다.

육체의 일은 분명한데 곧 음행과 더러운 것과 호색과 우상숭배와 술수와 원수를 맺는 것과 분쟁과 시기와 분냄과 당 짓는 것과 분리함과 이단과 투기와 술 취함과 방탕함과 또 그와 같은 것들입니다. 전에 여러분에게 경계했듯이 경계하는데 이런 일을 하는 자들은 하나님의 나라를 유업으로 받지 못합니다(갈 5:19-21).

신부님은 위의 말씀에서 열거된 육체의 일을 '개인주의'라고 하신다. 개인주의는 자신을 만족시키려는 이기심이고 섬김을 받아야 한다는 교만이다. 위에 열거된 개인주의는 하나님께로부터 나온 게 하나도 없다. 개인주의는 모두 마귀의 정신이다. 성경은 '개인주의자는 하나님의 나라에 들어가지 못한다'고 단언한다. 하나님의 나라는 개인주의가 아니라 '공동체주의'다. 서로가 섬김으로 모두가 만족을 누리는 곳이다. 이 땅에서 공동체의식을 몸으로 훈련해야 하고, 그런 사람만이 하나님의 나라에 들어간다.

내 만족을 위해 사는 의식은 수많은 귀신이 합법으로 집을 짓는 근거가 된다. 귀신이 자리 잡은 사람은 성령님을 초청하지도 않고, 성령님도 남의 집에 막 들어가시는 분이 아니다. 이기심을 회개하고 성령님을 따라 살겠다고 결심하고 성령님을 초청해야 성령님이 오신다. 성령님이 오시면 귀신이 점령한 내 영혼의 영토를 탈환해 하나님 나라의 깃발을 세우신다. '땅뺏기싸움'이다. 내가 더더욱 회개하며 성령님을 초청하고 받아들이는 만큼 성령님이 오셔서 내 영혼을 귀신으로부터 탈환하셔서 하나님의 나라를 이루신다. 내 영혼이 하나님의 나라일 때 그 나라만큼 성령님의 열매가 맺히게 된다.

열매가 풍성한 사람은 아름답다. 이를 대 신부님이 보여주셨다. 선한목자

교회를 담임하는 유기성 목사님은 '어떤 사람으로 기억되기 원하느냐?'는 질문에 '대천덕 신부님처럼 기억되면 좋겠다'고 하셨다. '한 번도 예수원을 가보지 못했고 만나지도 못했지만 대 신부님은 언제나 당신의 마음속에서 살아 있는 멘토'라며 다음과 같이 말씀하셨다.

대 신부님은 연로하셔서 돌아가실 때까지 어떤 추함도 없었습니다. 그 분은 자신을 위해서 살지 않으셨어요. 주님이 주시는 마음을 끊임없이 전하려 하셨고 그렇게 살다가 돌아가셨어요. 재인 사모님도 마찬가지고요. 정말 두 분은 주님과 가까우셨던 것 같습니다. 저는 대 신부님처럼 기억되면 좋겠습니다. 사람들은 대 신부님을 보고 주님과 동행하는 것이 관념이 아니라 실제로 가능하다는 것을 알았어요. 나이가 들어도 노욕에 사로잡히지 않았고 평생 아름답게 사셨습니다.[4]

이렇게 신부님의 글만 읽고도 인격을 알아채는 분들이 있지만 설명으로는 신부님의 인격을 충분히 나타내지 못한다. 설명으로는 어렵다. 신부님은 컴퓨터를 독수리 타법으로 빠르게 치셨는데, 부드럽고 자연스러운 손놀림과 톡톡톡톡 울리는 자판소리의 맑고 밝은 기운에서도 신부님의 인격이 선명하게 느껴지지만 이를 설명하지는 못하겠다.

그래도 설명을 해 보면, 몸은 노쇠하셨지만 인격은 노인이라는 느낌이 전혀 들지 않았다. 청소년에게도 존댓말을 하실 정도로 모든 사람을 존중하셨다. 신부님이 사용하는 말은 단순하고 소박하며 정직했고 지혜가 있었다. 말의 분량도 짧았다. 연세가 많아 힘드실 텐데도 언제나 사람들의 모든 질문을 충분히 듣고 적절히 대답해 주셨다. 조금이라도 상대를 찌르거나 무시하거나 자존심을 건드리는 말을 하지 않으셨다. 상대방을 언짢게 했다고 생각하시면 언제든지 누구에게라도 "미안합니다"라고 사과하셨다. 부자든 빈자든 배운 사람이든 무학자든 소년이든 노인이든 어떤 사람이라도 차별 없이 대하셨지만 가난한 사람들과 고통을 당하는 사람들에 대한 긍휼함은 컸다. 성경말씀을 나누는 아침예배에서 너무나 귀한 깨달음을 가벼운 담소하듯이 술술 말씀하시는 모습에서도 신부님이 얼마나 진리를 사랑하고 순종하며 충성하시는지를 알게 된다. 국악찬양을 부를 때 가끔 일어나 활짝 웃으시며 덩실덩실 춤추시는 모습이 눈에 선하다.

예수원에서 부활절을 맞아 가족들이 배우가 돼 성극을 공연한 뒤에 한판 노는 장면이다.

신부님의 인격은 성령님께 자신을 온전히 내드린 사람만이 맺을 수 있는 열매다. 성령님께 순종해야 맺어진다. 우리도 순간마다 자신을 쳐서 진리와 성령님께 복종하면 신부님과 같은 열매를 맺게 된다. 우리는 그동안 삶의 목표나 비전을 물량이나 역할에 맞추었지 이에 비할 바가 아닌 인격에는 관심이 매우 적었다. 구하는 대로 이뤄지듯이 우리가 물량과 역할의 성취는 이뤘지만 우리의 인격은 미성숙함이 적지 않다. 이제 균형을 맞추자. 우리 그리스도인 모두 대 신부님 같은 사람이 되어야 한다.

이 장을 마무리하기 전에 매일 실제로 성령님을 따르는 방법을 소개하고 싶다.[5] 신부님이 매일 하시는 이 방법을 나도 따라하며 하루를 생활한다. 이 방법은 매우 간단하면서도 성령님을 따라 하루를 살게 해 준다. 비결은 의외로 쉽다. 여러분에게도 권한다.

성령님을 따라 하루를 살기

1. 새벽에 성경을 읽고 은혜 받은 말씀을 기록한다.

2. 어제 일을 평가하고 감사한다(그날 저녁에 해도 된다).
   - 감사한 일을 찾아 짧은 감사를 적는다.
   - 마친 일은 표시한다(성령님이 하신 일은 붉은색으로 표시한다. 하다보면 붉은색이 점점 많아진다).
   - 그 일을 하지 못한 까닭을 적는다.

3. 오늘 할 일을 기도 가운데 구하고 적는다.
   - 매일 하는 일은 주님이 맡긴 일이므로 당연히 한다.
   - 할 일이 떠오르면 주님께 물어보고 적는다.
   - 남는 시간에는 무엇을 해야 하는지를 주님께 물어본다.

4. 분명히 떠올랐는데 하지 못하는 경우가 있다. 이때는 다음날 다시 확인해 본다. 이날도 떠올랐는데 못했다면 주의 뜻인 줄 알지만 때가 이르지 않은 줄 알고 주께 맡긴다.

5. 계획을 빈틈없이 다 세웠는데 오후에 갑자기 좋은 생각이 떠오르는 경우는 다음날 것인 줄 알고 다음날에 일단 적어둔다. 다음날 주의 뜻이 아니라고 생각되면 지운다.

6. 어떤 경우에 시간은 많이 있는데 몇 가지 일 외에는 떠오르지 않는다. 이때는 주께서 다른 계획이 있는 줄 알고 주께 맡긴 다음 기대해 본다.

7. 앞으로 장래에 대한 계획이나 일이 떠올랐을 때 확인해 보고 성령의 지혜로 기도할 수 있도록 구하고 다른 기도공책에 적어서 계속 기도한다.

8. 기록을 끝내기 전에 다른 지시가 있는지 기다려 보고 없다면 감사드리고 충성할 수 있는 힘을 구하고 그날 일을 시작한다.

9. 가장 중요한 것은 각자가 실험해 보는 것이다.

'9'에서 말하듯이 이 방법대로 해 보며 자신에게 맞는 방법을 찾아야 한다. 해 봐야 자신에게 맞는 방법도 찾아진다. 나는 오늘 할 일을 적고 실행하다 보면 적지 않은 일이 자주 떠오른다. 그러면 주님께 묻고 해야겠다고 생각되면 실행한다.

작은 습관이 큰 결과를 만든다고, 이 방법은 효과가 크다. 꼭 실행하길 권한다.

여러분에게 권합니다. 오직 성령께서 인도하시는 대로만 따르십시오. 성령께서는 여러분이 어디로 가야할지, 또 무엇을 해야 할지를 가르쳐 주실 것입니다. 성령께서 인도하시는 대로만 따라 살면 여러분은 육체의 욕망에 끌려 다니지 않게 될 것입니다(갈 5:16).

사람의 인격과 삶을 이토록 아름답고 고귀하게 해 주시는 성령님의 열매는 보배요, 생명이다! 진리에 뿌리를 박고 성령님을 따르므로 성령님의 열매를 풍성히 맺어가자!

둘

성령님의 능력으로 일해야 한다

1. 능력은 구하면 주신다

예수원을 다녀온 분들은 아시겠지만 예수원에서는 새벽 6시에 드리는 아침예배에서 시편, 구약, 신약을 각 한 장씩 읽은 뒤에 각자 묵상을 하며 자신이 깨달은 말씀을 나눈다. 궁금한 내용이 있으면 누구라도 질문하고 누구라도 대답할 수 있다. 그날은 신약에서 마태복음 7장이 본문이었는데, 7장의 후반부는 거짓선지자에 대한 말씀이다.

"나에게 주여 주여 하는 자마다 다 천국에 들어가는 것이 아니요 다만 하늘에 계신 내 아버지의 뜻대로 행하는 자라야 들어갑니다. 그날에 많은 사람이 내게 말하기를 '주여 주여 우리가 주의 이름으로 선지자 노릇하며 주의 이름으로 귀신을 쫓아내며 주의 이름으로 많은 권능을 행하지 않았습니까?' 할 텐데 그때에 그들에게 분명히 말하기를 '내가 당신들을 도무지 알지 못하니 불법을 행하는 자들아 내게서 떠나가라'고 할 것입니다"(마 7:21-23).

그날 새벽에 나는 이 말씀을 묵상하다가 궁금함이 생겼다. 예수님이 거짓 선지자라고 규정하신 이들은 주의 이름으로 선지자 노릇을 했고, 주의 이름으로 귀신도 쫓아냈으며, 주의 이름으로 권능도 행했다. 예수님이 이들의 주장을 부인하지 않는 모습을 보면 이들의 말은 사실이다. 다만 예수님은 이들을 '내가 도무지 모르는 자들이고 불법을 행한 자들'이라고 정리하신다. 이런 사람들이 어떻게 선지자 역할을 할 수 있었고 어떻게 능력이 나타난 것인지 의아했다. 그래서 나는 궁금함을 말한 뒤에 아는 분이 대답해 달라고 했다. 그러자 의자에 앉아 성경을 보시던 대 신부님이 돋보기를 벗으면서 조금도 주저함이 없이 말씀하셨다.

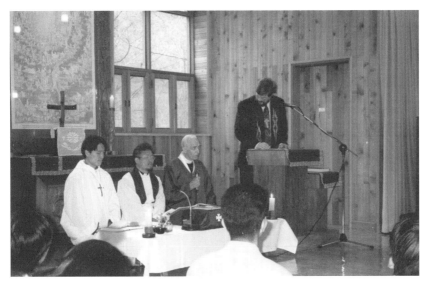

2000년 4월 9일 주일예배 모습이다. 필자가 흰 예복을 입고 예배를 돕고 있다. 이날은
예수원을 방문한 잽 브레드포드 롱 목사님이 설교했다.

"이들은 성령님의 능력을 아는 사람들입니다. 그래서 성령님의 능력을 구
했고, 능력을 받아 사용했습니다. 그런데 이들이 성령님의 능력을 구한 건 하
나님의 일을 하려고 한 게 아니라 자신의 이익을 구하려는 것이었습니다. 많은
사람들이 성령님의 능력을 몰라서 아예 구하지를 않지만 이들은 성령님의 능
력을 알고 구했습니다. 하나님은 당신의 일을 해야 하고 그러기 위해서 이들에
게 성령님의 능력을 주셨습니다. 그렇지만 이들은 처음부터 하나님의 일에 관
심이 없고 자신의 이익을 구한 사람들이라 나중에 버림을 받는 겁니다."

교회에는 성령님의 능력이 나타나야 한다. 성령님의 능력이 나타나는 교
회에는 치유와 회복이 일어나 교인들이 살아나고 기쁨과 활력이 솟아나며
물고기처럼 펄떡인다. 슬프게도 많은 목회자들이 성령님의 능력을 모르거

나 오해하기 때문에 성령님이 일하시지를 않는다. 다행이 성령님의 능력을 알고 구하는 사람들이 있는데 이들 가운데에는 하나님의 뜻이 아니라 자신의 이익을 위해 성령님의 능력을 구하는 사람들이 있다. 그렇지만 하나님께서는 이들이 이끄는 교인들에게 성령님의 능력이 흘러가야 하기에 이들에게 능력을 주신다. 자신의 이익을 구하는 이들이 예뻐서가 아니라 그들을 따르는 사람들을 사랑하기 때문에 이들을 위해서 거짓선지자라도 사용하시는 것이다. 성령님의 능력을 받은 이들은 설교나 사역에서 능력이 나타나 교인들이 깨달음도 받고, 귀신도 나가고, 병도 낫는다. 이들은 큰 교회를 하고, 이곳저곳에 초청되는 유명인이 되고, 돈도 번다. 그렇지만 그 끝은 버림을 받게된다. 처음부터 하나님의 뜻을 구하지 않고 자신의 이익을 구했기 때문이다.

설교나 병 고침 등에 능력이 나타나는 목사님들과 기도원 원장님들이 있다. 이분들이 설교하면 사람들이 은혜를 받는다. 깨달음을 받고, 치유와 회복이 일어나며, 귀신이 떠나가고, 병도 치유되며, 은사도 받는다. 그런데 이들 가운데는 사람들이나 부목사님들을 함부로 대하고, 돈을 좋아하며, 어떤분들은 큰 문제를 일으킨다. 하지만 자신이 설교나 사역을 하면 능력이 나타나기 때문에 하나님께서 자신을 지지하신다고 위안을 삼으며 나쁜 행위를 멈추지 않는다. 마태복음 7장에서 예수님께서 말씀하시듯이 열매로 자신을 판단해야 하는데 능력이 나타난다고 우쭐하다가 큰 문제가 생긴다. 능력은 인격이 형편없어도 나타날 수 있다. 열매와 능력은 한 성령님의 다른 역할이기 때문이다. 능력이 나타나는데 인격은 형편없는 사람이 있다면 이런 사람에게는 문제를 해결 받는 도움은 구할지라도 그들의 언행은 따라하지 말아야 한다. "그러니 그들이 말하는 것은 다 지키시오. 그러나 그들의 행실은 본받지 마시오. 그들은 말뿐이고 실행은 하지 않는 사람들이오"(마 23:3). 능력이 나타난다며 속된 생활을 이어 가는 사람은 나중에 큰일 난다는 점을 명심하고 빨리 성령님을 따라야 한다.

우리는 7장의 말씀과 대 신부님의 해석에서 두 가지를 깨달을 수 있다.

하나는, 하나님께서 그리스도인에게 능력을 주신다는 점이다. 능력주심은 구약성경에 대언된 말씀이다.

"그 후에 내 영을 만민에게 부어 주리니 너희 자녀들이 장래 일을 말할 것이며 너희 늙은이들이 꿈을 꾸며 너희 젊은이들이 이상을 볼 것이며 그 때에 내가 또 내 영을 남종과 여종에서 부어줄 것이며"(욜 2:28-29).

마가네 집에서 성령님의 능력을 받은 베드로는 이 구절을 말하고는 '방금 이 말씀이 성취되었다'고 했다. 이 자리에서 베드로의 설교를 듣고 삼천 명이 회개하는 기적이 일어났다. 조금 전까지와는 완전히 다른 사람이 된 베드로를 봐도 초자연능력이 부어졌음이 확인된다.

구약시대에는 하나님께서 삼손, 엘리야, 엘리사 같은 몇 사람에게만 초자연능력을 주셨지만 신약시대에는 누구에게나 주신다. 악한 영들을 대적하고 잡힌 사람을 구하라고 사명을 주신 하나님께서 그 일을 감당할 능력을 주시지 않는다면 하인에게 일 시키고 도구를 주지 않는 주인과 같다. 하나님께서 능력을 아끼실 까닭이 도무지 없다. 능력을 주신다는 사실은 성경 전체에서 두루 나타나는 말씀이다.

"여러분이 악할지라도 좋은 것을 자식에게 줄 줄 알거든 하물며 여러분의 천부께서 구하는 자에게 성령을 주시지 않겠습니까?"(눅 11:13).

"하나님께서 오른손으로 예수님을 높이시자 예수님은 약속하신 성령을 아버지께 받아서 여러분이 보고 듣는 이것을 부어 주셨습니다"(행 2:33).

"여러분이 회개하여 각각 예수 그리스도의 이름으로 세례를 받고 죄 사함을 얻으시오. 그리하면 성령을 선물로 받습니다"(행 2:38).

각 사람에게 성령의 능력을 주심은 교회에 유익이 되게 하심이오(고전 12:7).

우리에게 능력을 주시는 까닭은 다른 사람을 돕고 교회를 세우라는 뜻이다. 예수님께서 고통당하는 사람들의 문제를 성령님의 능력으로 해결해 주셨듯이 예수님을 따르는 우리는 고통당하는 사람들의 문제를 성령님의 능력으로 해결해 주어야 한다.

어떤 분들은 성령님의 능력은 외면하고 학위나 독서나 세미나참석으로 해결하려고 한다. 교인의 문제를 해결해 주지 못하니까 학위를 따서 성령님의 능력을 대체하려고 한다. 우리는 가르치기 위해 기꺼이 배워야 하지만 배운 내용이 교인을 살리려면 성령님의 능력이 나타나야 한다. 성령님의 능력이 나타나지 않는 내용은 귀를 즐겁게 하고 머리를 크게 해도 영혼을 살리는 데는 무능하다. 자신의 이성을 과신하는 사람은 성령님의 능력을 알지도 못하고 받지도 못한다. 내 무능을 절절이 깨달은 사람만이 성령님의 능력을 절실히 사모하여 받는다.

예수원에서는 매년 봄과 가을에 '성령세미나'라는 프로그램을 한 주 동안 한다. '성령세미나'는 3개월 수련을 시작한 수련자들이 성령세례를 받음으로 능력을 받도록 해 주는 게 목적이다. 매일 강의를 듣고 조별나눔을 하다가 금요일에 안수식이 있다. 안수자들이 한 명씩 안수를 해 주는 이때에 마가네 다락방에서 그랬던 것처럼 성령세례가 부어진다. 은사를 전혀 모르는 분들도 이때에 방언, 방언통역, 예언(대언) 등을 한다. 예수원에서 만 4년을 살면서 나도 은사를 간절히 사모하며 안수를 여러 번 받았다.

목요일 저녁에 드리는 '은사예배'는 사회자도 설교자도 없이 모든 예배자들이 성령님의 인도를 받아 자신의 은사를 사용해 다른 사람을 섬기는 예배다. 이때에 병든 사람이나 내면의 고통을 겪는 사람들이 자신의 문제를 말하고 기도를 받는다. 우리는 이 예배를 통해 수많은 사람들이 회복되는 모습을 보았다. 나 또한 은사예배에서 수차례 기도를 받으며 회복을 경험했고, 다른 사람을 위해 기도해 주었다. 이런 환경이라 예수원 사람들은 성령님의 능력을 매주 경험할 수 있는 분위기에서 산다.

나는 예수원을 내려온 뒤에 교회와 기도원과 선교단체에 초청을 받아 성령사역을 했다. 그때 첫 사역이 인터콥 원주지부였다. 예수원에서 같이 살며 믿음을 나눈 홍의성 형제가 예수원을 내려온 뒤에 강사로 다니며 성령사역을 했는데 나를 원주지부에 소개한 것이다(홍의성 형제는 나중에 목사안수를 받았지만 그때는 신도인데도 능력이 강하게 나타났다. 누구라도 구하고 실행하면 능력이 나타난다). 나는 그때까지 예수원에서 여러 사람에게 안수기도를 해 봤고, 대 신부님의 머리에 손을 올리고 안수기도를 한 적도 있지만 그때는 여러 사람이 같이 기도할 때였다. 혼자 그것도 교회에서 강사로 나서는 일은 처음이라 과연 성령님이 일해 주실까, 집에서 기도를 많이 할 수밖에 없었다.

두근대는 마음으로 원주지부에서 여섯 번의 집회를 하는데 회가 거듭되면서 정말로 사람들이 회복되기 시작했다. 얼굴이 밝아지고 활기가 나타났다. 서리 맞은 것 같던 사람들이 춘삼월 풀처럼 싱싱해졌다. 그런데 한 사람씩 기도를 해 주는 시간에 어느 중년 여성이 강당을 굴러다녔다. 성령님이 임하실 때 김밥처럼 구르는 모습은 예수원에서 본 적이 있지만 앞구르기를 하는 모습은 처음 보는 광경이라 당혹스러웠다. 이분은 집회에 지각한 분이었다. 내가 첫 강의를 한참 하고 있는데 뒷문이 열리고 이분이 들어왔다. 굳은 얼굴에 긴장이 가득한 이 여성은 힘겹게 들어와 맨 뒷자리에 조심스레 앉았다. 한눈에도 삶이 곤고해 보였다. 집회가 계속되면서 이 여성의 얼굴에도 화색이 돌아서 기뻤는데 앞구르기라니!

이분을 제지할까 하다가 내게 평안이 있어서 그냥 두었다. 이분은 집회가 계속되면서 회중의 중앙으로 옮겨 앉고는 강의하는 내 얼굴을 뚫어지게 보았는데 그 표정은 '어떤 은혜라도 줘 바라. 내가 하나라도 떨어뜨리나' 하는 얼굴이었다. 그분의 얼굴에는 점점 기쁨이 고였다. 기대보다 더 충만했던 집회가 모두 끝나고 서로 인사를 나누는 시간에 나는 그분에게 왜 굴렀느냐고 물었다. 그분은 이렇게 대답했다.

"속이 너무 뜨거워 견딜 수가 있어야지요."

불에 덴 사람이 어쩔 줄 모르고 펄펄 뛰듯이 이 여성에게 성령님이 불같이 임하시자 어찌할 수가 없어서 구른 것이다. 이렇듯이 성령님은 초보자의 사역에도 간절히 구하고 실행하니까 임해 주셨다. 성령님의 능력은 구하고 실행하면 나타난다.

또 그동안 교회사역을 하며 섬긴 소년부, 중고등부, 청년부의 수련회에서 성령님을 가르치고 능력을 받도록 하면 매번 아이들이 치유되고 방언이 터지는 경험을 했다.

초대 교회나 오늘이나 성령님은 같은 분이시다. 그때나 지금이나 구하면 능력을 주신다. 단, 우리가 내 힘으로는 도저히 되지 않는다는 사실을 깨닫고 간절히 요청할 때 주신다. 내 판단과 학위를 의지하지 마라. 우리의 사령관이신 성령님을 의지하라!

(오늘날에는 은사가 없다는 주장이 있다. 이러한 주장을 일소하는 책으로 『이단 정죄와 역사의 아이러니』예영수 목사 저'와 『성령을 소멸하는 자들』윌

리엄 데알테가 저'를 추천한다).

2. 능력과 열매는 한 성령님의 다른 역할이다

마태복음 7장에서 알게 되는 두 번째 사실은 열매와 능력은 다르다는 점이다. 7장을 인용해 행위가 형편없는 사람이라도 하나님께 능력을 구하면 주셔서 그 사람을 사용한다고 말했다. 이 말씀이 말해 주듯이 능력은 구원과 아무 상관이 없다. 설교가 뛰어나고, 병이 낫고, 귀신이 떠나가고, 죽은 사람도 살리는 능력이 있다고 해서 그것이 구원받은 사람이라는 표지는 아니다. 성령의 열매는 구원과 깊은 관련이 있어도 능력은 아무 상관이 없다. 이러한 사실은 사람 본연의 능력과 인격을 생각해 봐도 알게 된다. 최고의 대학을 졸업하고, 판검사가 되고, 정치인이 되고, 기업인이 된 유능한 사람들 가운데 부정부패를 저질러 사회에 큰 해악을 주는 사람들이 있지 않은가. 아돌프 히틀러 같은 사람은 또 어떤가. 반대로 능력은 부족해도 사람들에게 덕을 끼치며 사는 사람들도 있다. 능력은 많아도 인격이 형편없을 수 있고, 반대로 능력이 없어도 인격은 훌륭할 수 있다. 우리 그리스도인은 능력도 있고 인격도 훌륭한 사람이 되어야 하는데, 다시 말하지만 이는 한 성령님이 하시는 다른 역할이다.

능력은 충만, 열매는 충분이다
능력과 열매 둘 다 성령님이 하시는 일이지만 서로 관련이 없는 까닭은 성령님의 역할이 다르기 때문이고, 우리가 성령님의 역할이 다르다는 사실을 몰랐던 까닭은 성경번역이 잘못됐기 때문이다. 우리말성경에서 '충만'이라고 번역된 헬라어는 '플레도'와 '플레레스' 두 개다. 우리말성경은 이 두 단어를 모두 '충만'으로 번역했다. 감사하게도 대 신부님이 성경을 보시다가 이점을 발견하셨고, 이 두 단어가 성경의 다른 구절에서 어떤 뜻으로 사용됐는지를 검토하셔서 마침내 두 단어의 뜻이 다르다는 점을 알아내셨다. 두 단어의 차이는 다음과 같다.[1]

충만으로 번역된 두 단어의 차이점	
플레토(πλήθω)	플레레스(πλήρης)
- 외부에서 와서 한순간에 '충만'해짐 - 배터리와 같음 - 성령의 능력이 나타남 - 능력은 구원과 관계가 없음	- 내부에서 긴 시간에 걸쳐 '충분'해짐 - 나무와 같음 - 성령의 열매가 열림 - 열매는 구원과 깊은 관계가 있음
눅 1:1, 41, 67; 행 2:4, 4:8, 31, 9:17, 13:9	눅 4:1; 요 1:14; 행 6:3, 5, 8, 7:55, 11:24
플레토가 사용된 구절	플레레스가 사용된 구절
마 22:10, 27:48; 눅 1:57, 2:6, 22, 4:28, 5:7, 6:11; 행 5:17, 13:45	마 14:20, 15:37, 막 6:43; 행 9:36, 13:10, 19:28

먼저 '플레토'가 어떤 뜻인지 보자.

그들이 다 성령의 '충만함'을 받고 성령이 말하게 하심을 따라 다른 언어들로 말하기를 시작하였다(행 2:4).

이에 베드로가 성령이 '충만하여' 말하기를 "백성의 관리들과 장로들이여"(행 4:8).

이 구절에서 '충만함'과 '충만하여'라고 번역된 단어가 '플레토'다. 마가네 집에 모인 사람들과 베드로는 한순간에 성령님으로부터 충만을 받았다. 이 충만은 사람들과 베드로의 안에서 나온 게 아니라 외부에서 왔다. 사람들은 방언을 했고, 베드로가 설교하자 전에 없던 능력이 나타나 삼천 명이나 회개했다. 우리는 베드로 같이 된 상태를 '성령충만'이라고 말한다. 플레토가 사용된 다른 성경 구절을 보면 이 단어는 '갑자기 가득한 상태가 됨'을 나타낼 때 쓰였다. 사람들과 베드로는 '갑자기 가득한 상태'가 된 것이다.

방언을 하던 사람들도 설교를 하던 베드로도 멈추는 시점이 있다. 능력을 사용하면 충만했던 능력이 빠져나가서 원래의 사람이 된다. 자연인으로 돌아오는 것이다. 그랬다가 다시 성령의 능력이 필요할 때 요청하면 성령님의 능력이 충만히 임하여 사용하게 된다. 신부님은 이러한 상태를 배터리에 비유하신다. 우리가 핸드폰을 사용하다가 배터리를 모두 사용하면 다시 충전해 사용하듯이 성령님의 능력도 필요할 때 요청해서 충만히 받아 사용하고, 나중에 또 충만히 받고 사용하면 된다는 말씀이다.

나는 이러한 현상을 아톰에 비유한다. 우주소년 아톰은 매우 작은 로봇이지만 엄청난 힘으로 자신보다 훨씬 큰 로봇들을 물리친다. 그런데 아톰은 배터리가 떨어지면 중환자처럼 전혀 힘을 쓰지 못하게 된다. 아톰은 매번 이런 위기에서 충전을 받아 엄청난 힘을 회복하고는 적을 물리친다.

우리가 아톰이다. 우리가 요청하면 성령님은 우리에게 능력을 충만히 주신다. 충만한 상태에서 가르치고, 대언도 하고, 병도 고칠 수 있다. 요청해서 일하고 또 요청해서 일하면 된다.

'플레레스'는 이와 다르다.

"형제들이여 여러분 가운데 성령과 지혜가 '충만해서' 칭찬 받는 사람 일곱을 택하시오. 우리가 이 일을 그들에게 맡기고"(행 6:3).

바나바는 착한 사람이요 성령과 믿음이 '충만한' 사람이라(행 11:24).

여기서 '충만해서'와 '충만한'이 '플레레스'다.

'플레레스'가 사용된 성경의 다른 구절을 보면 이 단어는 갑자기가 아니라 '긴 시간이 걸려 가득한 상태'를 말할 때 사용되는 단어다. 이 점이 '플레토'와 대조된다.

그러므로 이 두 구절은 일곱 사람과 바나바가 능력이 많았다는 말을 하려는 게 아니라 일곱 사람은 '성령의 열매와 지혜가 가득하다'는 말이고, 바나바 또한 '성령과 믿음이 가득한 사람'이라는 말이다. 초대 교회는 인품을 일꾼의 자격으로 보았던 것이고, 바나바 또한 자신의 재산을 모두 팔아 교회에 바칠 정도로 인품이, 특히 나눠 주기를 좋아하는 '양선'이 풍성한 사람이었다. 물론 일곱 사람과 바나바도 다른 사도들처럼 성령의 능력이 당연히 있으리라 짐작되지만 누가는 여기서 이 점을 거론하지는 않는다.

대 신부님은 '플레레스'를 나무에 비유하신다. 나무는 뿌리를 통해 흙에서 양분을 충분히 빨아들여 각 가지에 보낸다. 나무는 이 작업을 통해 생명을 유지하며 성장해 간다. 만일 나무가 이 작업을 멈추면 나무는 성장하지 못하고 결국 죽는다. 바로 '무엇인가를 지속하는 상태'가 '플레레스'다.

이러한 차이를 발견하신 대 신부님은 성령님의 역할을 '외적성령의 충만'과 '내적성령의 충분'으로 구별해 부르셨다. 그래서 예수원에서는 성령의 충만과 충분을 달라고 기도한다. 충만과 충분의 차이를 인식하고 교회를 보면 이해되는 점이 많다. 어느 교파는 능력을 강조하고 어느 교파는 열매를 강조하는데 우리는 열매를 맺어가면서 능력도 나타나야 한다. 능력과 열매에 균형을 이뤄야 온전한 그리스도인이다.

3. 각 은사의 특징과 역할

영의 전쟁터에서 우리에게 장착된 무기는 은사다. 사람과 교회와 사회를 파괴하려는 악령과 맞서서 싸우는 우리에게 성령님의 은사는 가장 적합한 무기다.

어떤 사람에게는 성령님이 지혜의 말씀을, 어떤 사람에게는 같은 성령님이 지식의 말씀을, 다른 사람에게는 같은 성령님이 믿음을, 어떤 사람에게는 한 성령님이 병 고치는 은사를, 어떤 사람에게는 능력 행함을, 어떤 사람에게는 예언함을, 어떤 사람에게는 영들 분별함을, 다른 사람에게는 각종 방언 말함을, 어떤 사람에게는 방언들 통역함을 주시는데, 이 모든 일은 한 성령님이 당신의 뜻대로 각 사람에게 나누어 주시는 것입니다(고전 12:8-11).

대 신부님은, 예수님을 구세주로 영접한 사람은 적어도 한 가지 이상의 은사가 있다고 하신다. 자신이 모르거나 알아도 사용하지 않을 뿐이지 한 가지 이상은 있다. 다음은 각 은사의 역할과 특징을 소개한 글인데 신부님의 설명에 내 경험을 덧붙였다.[2] 신부님은 위의 아홉 가지 초자연은사가 모두 있었고 충분히 사용하신 경험도 있다. 이 글을 읽으며 자신의 은사를 찾아보고 자신에게 필요한 은사도 생각하기 바란다.

지혜의 말씀
지혜의 말씀은 경험으로 알게 된 지혜가 아니라 하나님께로부터 오는 지혜를 말한다. 적시에 정곡을 찌르는 거룩한 재치이자 문제를 해결하는 능력이다.
바리새인들이 예수님을 옭아매려고 예수님께 물었다. "로마 정부에 세금을 마치는 것이 옳습니까? 옳지 않습니까?"(마 22:17). 세금을 바치라 하면 이는 지배국인 로마를 옹호하는 게 되고, 바치지 말라 하면 로마를 거역하는 게 된다. 예수님은 절묘한 대답을 하신다. "가이사의 것은 가이사에게, 하나님의 것은 하나님께 바치시오"(마 22:21). 이 말이 바로 지혜의 말씀이다.

사도행전 6장에서 헬라파 교인들과 히브리파 교인들 사이에 생긴 긴장은 자칫 교회를 둘로 쪼개기도 한다. 이때 사도들은, 자신들은 기도와 말씀에 집중할 테니 자신들 대신 구제사역을 맡을 사람 일곱을 선출하라고 한다. 이렇게 하자 불만이 사라지면서 말씀이 널리 퍼지고 사람들이 교회에 많이 들어왔다. 이 말도 지혜의 말씀이다. 지혜의 말씀은 '거룩한 재치'이자 '해결하지 못하는 문제를 해결하라고 주시는 은사'다.

교회사에서도 지혜의 말씀이 사용된 경우가 있다. 암브로시우스(Ambrosius, 340-397)는 로마 밀라노의 집정관이었다. 이때에 밀라노 성당의 주교가 공석이 돼 새 주교를 선출해야 했지만 거론되는 이름마다 지지를 받지 못하면서 공전이 되었다. 그날도 광장에 시민들이 모였지만 의견이 모아지지 않는데 한 아이가 암부로시우스를 보고 갑자기 "암브로시우스"라고 소리쳤다. 그러자 밀라노 시민들 모두가 "암브로시우스"라고 소리치며 동의해 공무원인 암브로시우스를 주교로 선출했다. 그 뒤에 암브로시우스는 교회의 권위와 자유를 수호하는 역할과 아울러 명설교가로 이름을 남겼다. 이 사람의 설교를 듣고 아우구스티누스가 회심했다.

지식의 말씀

이 은사는 우리가 생각하는 지식이 아니다. 이 은사는 어떤 사람이나 교회에 관해 듣거나 배우지 않았어도 그 사람과 교회의 사정을 아는 지식을 말한다. 예수님은 전혀 만나 본 적이 없는 나다나엘과 수가성 여인이 어떤 사람인지 아셨다(요 1:47, 4:16-19).

초청을 받은 설교자가 그 교회나 교인의 사정을 아는 듯이 설교하는 경우가 있다. 설교자가 전혀 모르고 한 말이라는 사실을 나중에 교인들이 아는 순간에 깜짝 놀라며 많은 문제가 해결된다.

지식의 은사는 치유할 때도 사용된다. 마귀에게 눌려 있거나 잡혀 있는 사람 가운데 과거의 어떤 경험으로 인해 마귀에게 잡히게 됐는지를 모르는 경우가 있다. 이 사람을 위해 기도하는 사람에게 성령님께서 지식의 말씀을 주셔서 이 사람의 경험을 정확히 말하면 이 사람도 그 기억이 떠올라 지금 하나님께서 일하신다는 사실을 알게 되며 치유를 받는다. 이런 경우를 예수원의 은사예배에서 가끔 경험했다.

믿음의 은사

이 은사는 어렵고 힘든 일을 비롯해 불가능한 일도 이루기 위해 주시는 믿음이다. 개인과 교회에 많은 문제와 시련이 오고 또 이뤄야 할 사명도 있다. 이럴 때 하나님께서 그 사람에게 믿음을 은사로 주셔서 그 문제와 시련을 극복하게 하시고, 사명도 이루게 해 주신다.

예를 들면, 모든 구성원이 그 나라는 선교가 불가능하다는 데도 어느 사람은 된다고 하는 경우다. 큰 금액이 드는 계획이라 모든 구성원이 불가능하다고 하는데도 어느 사람은 된다고 한다. 다른 구성원은 의아해하지만 하나님께서 일을 하시려고 한 사람에게 가능하다는 믿음을 은사로 주셔서 그 일을 이루신다(물론 자신의 의지로 밀어붙이는 경우도 있지만 이 경우와 전혀 다른 믿음의 은사가 있다).

대 신부님은 허드슨 테일러의 예를 드신다. 중국 선교사의 아들로 중국에서 태어난 대 신부님은 그때 부친이 허드슨 테일러와 친교를 나누는 과정에서 허드슨 테일러에게 믿음재정을 영향 받았다. 허드슨 테일러는 선교부의 지원을 받아 선교하는 시대에 누구의 도움도 받지 않고 오직 하나님께 직접 공급 받아 선교하는 믿음재정을 시도했다. 세계경제공황으로 인해 재정을 공급받지 못한 선교사들이 중국에서 철수할 때에도 허드슨 테일러가 창설한 '중국내지선교회'는 오히려 1년에 선교사 2백 명을 더 파송했다며 신부님은 이것이 마가복음 11장 22절에서 말하는 '산을 옮기는 믿음'이라고 하신다.

신부님도 예수원을 오직 하나님의 공급을 기대하는 믿음재정으로 운영하셨다. 신부님 내외가 돌아가신 지금도 예수원은 손님에게 무료로 숙식을 제공하고, 구성원 개인의 필요도 여전히 믿음재정으로 해결한다. 내가 예수원을 내려온 뒤에 예수원 가족들이 둘 셋 넷이 되는 자녀를 대학에 보내는 것을 보면서 재정이 어디서 생기는지, 불가사의하다고 생각할 때가 있지만 예수원 자체와 가족들이 생활에 관한한 믿음의 은사를 받았다고 생각하면 이해가 된다.

하나님께서는 사람들이 불가능하다고 여기는 일을 이루려고 하실 때 특정한 사람이나 공동체에 믿음의 은사를 주셔서 그 일을 이루신다.

병 고치는 은사

병을 고치는 은사는 의학이 발달한 요즘에 더 필요해졌다. 내가 어릴 때는 우리 동네에 의원이라고는 딱 하나 있었고, 큰 병원은 20분 정도 걸어가야 하나 있었다. 그런데 지금은 동네마다 약국과 의원과 병원이 있고, 그 의원과 병원마다에 환자들은 또 얼마나 많은지 모른다. 병의 주범은 타락한 먹거리와 스트레스다. 매끼마다 병이 되는 음식을 과도하게 먹고, 복잡한 사회에서 스트레스를 받고, 이 스트레스를 또 병이 되는 음식으로 풀다가 병이 난다. 병원에 가도 많은 질병은 낫지 않은 채 약을 먹으며 살아야 한다.

아픈 사람이 있습니까? 그렇다면 교회의 장로들을 청하여 기도를 받으십시오. 장로들은 주님의 이름으로 그에게 기름을 바르고 주께서 그를 치료하여 주시도록 간구하십시오. 그들이 믿음으로 기도드릴 때는 주께서 그를 치료하여 낫게 해 주실 것입니다. 그리고 만일 그의 병이 어떤 죄 때문에 생긴 것이라면 주께서 그의 죄를 용서해 주실 것입니다(약 5:14-15).

　　모든 교인은 아픈 사람을 위해 기도할 책임이 있고, 특히 장로에게는 의무까지 있다. 위의 말씀에서 기도하면 낫게 해 주겠다고 약속하셨음으로 믿고 기도해야 한다. 장로들이 자신의 의무만 기꺼이 해도 교회에서 병자들은 거의 없게 된다. 병자를 위해 기도할 때에 한 사람이 안수하지 말고 예수원처럼 여러 사람이 함께 안수하기를 권한다. 그렇게 해야 기도하는 누군가를 통해 병이 나을 수 있다. 또 한 사람이 기도해 나으면 그 사람이 주목 받게 돼 위험하지만 여러 사람이 기도하다 나으면 그러한 위험이 줄고 하나님께서 영광을 받으실 여지가 커진다.

　　신부님도 말씀하셨지만 병도 종류가 많듯이 병 고침의 은사를 가진 사람들을 보면 병을 치료하는 은사도 사람에 따라 다르다는 점을 알게 된다. 어떤 사람은 관절염을 고치고, 어떤 사람은 심장병을 고치는 등 자신의 전문영역이 있다. 따라서 모든 병자를 한 사람이 고치려고 하면 실패를 너무 많이 경험하게 돼 믿음이 약해진다. 여러 사람이 함께 안수하면 실패할 확률도 줄어든다.

　　신부님은 당신의 어린 두 딸이 아플 때 기도해 주면 다 나았다고 하셨다. 그런데 초등학교에 들어간 뒤부터는 기도해도 낫지 않았다고, 학교에서 과학을 배우면서 믿음이 사라졌다고 하셨다. 우리는 약이나 의술도 사용해야 하지만 병을 고치기 위한 기도도 믿음으로 기꺼이 해야 한다.

능력 행함
예수님께서는 물로 포도주를 만드시고, 떡 다섯 개와 물고기 두 마리로 오천 명을 먹이셨다. 우리의 상식과 과학을 뛰어넘는 이러한 능력이 사도 바울에게도 나타났다. 바울 일행이 바보라는 마을에서 전도하자 그 지역의 총독이 바울 일행을 초청해 말씀 듣기를 원했다. 그런데 이 말을 들은 바예수라는 마술사가 총독이 예수님을 믿게 될까봐 훼방을 놓았다. 이에 충만해진 사도 바울이 "이제 진노하신 하나님께서 벌을 내려 당신은 한동안 빛을 보지 못하는 맹인이 될 것이오." 그러자 바로 그 순간에 안개와 어둠이 그를 덮어 그는 앞을 더듬으며 손을 잡아 부축해 줄 사람을 찾았다. 이것을 본 총독은 하나님의 말씀의 권능에 놀라워하며 하나님을 믿게 되었다(행 13:11-12).

이러한 기적은 급박한 선교지에서 자주 일어난다. 천재지변이나 사건사고, 또는 공동체가 해결하지 못하는 어떤 문제에 대해 하나님께서 기적을 일으키셔서 해결해 주신다. 해외의 선교지에서 이러한 기적이 일어난 사례는 책으로도 나와 있는데 인도네시아의 티몰이라는 지역에서 일어난 일련의 기적은 놀랍기만 하다(예수원에 있을 때 예수원 도서관에 있는 이 책을 읽었는데 제목을 잊었다).

대언함

예언이라고 말하는 이 은사는 '하나님을 대신해 말한다'는 뜻으로 '대언代言'이라고 해야 더 적절하다. 구약의 선지자들은 미래뿐 아니라 현재와 과거도 하나님을 대신해 말했다. 신약에서 사도 바울이 묶여서 로마로 끌려갈 것이라고 말한 아가보도 대언자다(행 21장). 이와 같이 하나님께서는 당신의 뜻을 전하기 위해 특별히 세우셔서 말하게 하시는 대언자들이 있지만 이런 대언자는 공동체에서 장기간에 걸친 검증을 통과해야 한다. 이런 분들은 특정한 교회나 공동체나 국가의 방향, 회개, 미래 등을 대언한다. 이러한 대언을 편의상 특별대언이라고 하겠다.

이와 달리 일반대언이라고 부르고 싶은 대언이 있다. 이 대언의 역할은 사람을 세우기 위해 하는 것이다. 그러나 대언하는 자는 사람에게 말하여 덕을 세우며 권면하여 위로하는 것이요(고전 14:3). 사람을 세우므로 결국 교회를 든든히 하는 게 일반대언의 목적이다.

성경말씀이 있는데 대언이라는 기능이 왜 필요하냐면, 간접이 아닌 직접 듣는 말의 강한 힘 때문이다. 하나님의 사랑을 느끼지 못하는 사람에게 "하나님께서 당신을 사랑하십니다"라고 간접으로 말하는 것보다 "하나님께서 말씀하십니다. '아무개야, 너를 사랑한다'"라고 하나님의 말씀을 직접 전할 때 강력하게 받아들이게 된다. 예수원의 은사예배에서 기도를 요청하는 분들을 위해 기도해 줄 때 자주 일반대언이 나온다. 이때 대언을 들은 사람들 가운데 통곡하며 회복되는 경우를 적잖이 경험했다.

또 대언의 기능이 왜 필요하냐면 확인을 통해 평안을 얻고, 믿음도 성장하기 때문이다. 예수원의 성령세미나에서 안수식을 하는데 예수원에서 사는 한 자매가 안수를 받았다. 이때 안수자 가운데 한 사람이 대언을 했다. 안수가 끝난 뒤에 이 자매는 대언을 한 사람에게 '어떻게 그걸 알았느냐?'고 물었는데 대언한 사람은 전혀 모르는 사안이었고 단지 대언을 했을 뿐이었다. 이 자매는 어떤 계획을 가지고 기도를 해 오던 중이었는데 대언을 통해 하나님의 확답을 받았던 것이다. 이럴 때 이 자매는 평안도 얻고 믿음도 자라게 된다.

이렇게 대언은 사람을 권면하고 위로해 교회를 든든히 세우는 역할을 한다.

사도 바울은 나는 여러분이 모두 방언 말하기를 원합니다만 특별히 대언하기를 원합니다(고전 14:5)라고 했다. 모든 사람이 방언하고 대언하기를 원하는 사도의 권면에 따라 우리 모두가 방언과 대언을 사모해야 한다. 대언을 구했으면 받은 줄로 믿고 해 봐야 하는데 이때에 나와 상대방 둘만 있을 때 해서는 안 된다. 이 점을 꼭 지켜야 한다. 대언은 상대방에게 매우 강한 영향을 주게 되므로 여러 사람이 그 대언을 분별해야 한다. 따라서 여럿이 있고 그 가운데 대언의 은사를 받은 사람이 있을 때 해야 한다. 여럿의 사람들은 대언이 하나님의 말씀인지 분별해서 하나님의 말씀이면 "아멘"이라고 화답하고, 아니라고 여겨지면 침묵하면 된다. 대언하는 자는 둘이나 셋이나 말하고 다른 이들은 분별할 것이요(고전 14:29). 이때 아무도 "아멘"이라고 하지 않을지라도 대언한 사람은 실망하지 말고 다음에 또 시도해야 한다. 은사를 사용할 때 누구나 실수를 한다. 염려하지 말고 다음에 또 시도하라. 분별하는 사람들도 대언자가 실수했더라도 받아 주고 격려해 다시 용기를 내 시도하게 해 줘야 한다. 예수원의 성령세미나에서 안수를 받은 사람들에게 처음으로 은사를 활용하게 하는 기회를 준 적이 있다. 당시 1년 수련자였던 어느 형제가 주저하며 대언을 했더니 어느 정회원이 '자신을 가지고 하라'고 격려해 줘 큰 힘이 되었다. 은사는 누군가가 사용법을 안내하며 격려해 줄 때 불타오른다.

영들 분별함

영들 분별함은 교회를 지키기 위한 은사다. 성령님을 받은 사람들이 자신의 재산을 팔아 사도들에게 가져오는 코이노니아를 하는 그때에 아나니아와 삽비라가 자신들의 재산을 판 일부를 감추고는 전 재산을 낸 척을 했다. 사도들은 이러한 행위가 교회를 파괴하려는 마귀의 움직임이라는 사실을 알아보았다. 베드로가 말하기를, "아나니아여 어찌하여 사탄이 당신 마음에 가득하여 성령을 속이고 땅값 얼마를 감추었소'"(행 5:3).

그 뒤에 여러 교회가 세워지면서 거짓교사들과 거짓선지자들이 교회에 들어와 나쁜 가르침을 흩뿌려 교회를 파괴하려고 했다. 멀리 떨어져 있음에도 이들의 정체를 파악한 사도들은 각 교회에 편지를 보내 이들의 실체를 말하며 이들을 멀리하라고 간곡히 요청했다(바울, 요한, 베드로의 편지를 보라).

교회를 파괴하려는 세력은 꼭 있지만 요즘은 신천지가 교회를 파괴하기 위해 전략을 세우고는 슬며시 사람을 교회에 들여보낸다. 교회에 들어온 이들은 마치 고정간첩처럼 긴 세월 동안 자리를 잡고 영향력을 키우다가 어느 순간에 교회를 파괴한다.

하나님께서 이런 자들로부터 교회를 지키시기 위해 우리에게 영들 분별하는 은사를 주신다. 우리가 성경말씀을 기본으로 사용해 분별하고, 또 다른 분별방법도 있지만(이 책의 끝 장에서 분별에 관해 나누겠다) 마귀의 역사를 받아 속이겠다고 들어오는 사람을 성경과 분별방법으로는 알아보지 못한다. 특별한 은사가 필요하다. 각 교회에는 영 분별하는 은사를 받은 사람이 꼭 있어야 하고, 특히 목사와 장로 가운데 있어야 한다. 우리가 교회를 지키기 위해서도 은사를 반드시 활용해야 한다. 목사와 장로들이 함께 모여 영 분별의 은사를 구하라. 구하면 몇 사람에게 주신다.

각종 방언

방언은 하나님과만 소통하는 영의 언어다. 생각과 감정이 속한 혼으로 우리가 사고하고 기도도 하지만 우리는 영으로도 하나님과 소통할 수 있다. 방언을 말하는 사람은 사람에게 하지 않고 하나님께 합니다. 이를 알아듣는 사람이 없고 영으로 비밀을 말하는 것이오(고전 14:2). 우리가 방언을 활용해 영으로 기도하면 성령님이 우리의 영에 접촉하여 기도를 도우신다. 성령님의 능력으로 기도하는 생활을 하십시오(유 1:20). 어떤 사람에게는 방언하는 사람이 바보처럼 보이기도 하겠지만 방언의 유익은 수없이 많다. 바울은 내가 여러분보다 더 많은 방언을 하므로 하나님께 감사드립니다(고전 14:18)라고 했다.

바울은 방언을 말하는 사람은 자기의 덕을 세우고(고전 14:4)라고 한다. 이 말씀에서 '덕'이라고 번역된 헬라어 '호이코도메오'는 다른 구절에서 자기를 건축하며(유 20), 든든히 서 가고(행 9:31)로 번역됐음을 보면 이 단어는 '건축'과 '짓다'라는 뜻이다. '덕을 세운다'는 뜻도 '덕을 쌓는다'는, 건축한다는 뜻이다. 따라서 방언을 하면 집을 건축하듯이 영혼이 든든히 세워진다. 다시 말하면, 방언을 하면 영이 빨리 자라며 믿음이 생기고, 성령님의 열매도 잘 맺고, 성령님의 능력도 받기가 쉽고, 내면의 상처도 치유가 된다. 방언의 유익은 수없이 많다.

나는 스무 살 중반에 방언을 받았다. 성경지식이 거의 없던 그때 아는 집사님 집에 놀러 갔는데 그분이 방언의 유익함을 말했다. 그때까지 나는 방언을 몰랐기 때문에 방언에 대해 좋고 나쁨의 선입견이 전혀 없었다. 다만 그 집사님의 말을 들으면서 꼭 받고 싶은 간절함이 머리끝까지 차올라 당장 받고 싶은 마음뿐이었다. 곧바로 버스를 타고 어둑해진 우리 교회에 도착해 1층 강당의 마룻바닥에 무릎을 꿇고 방언을 달라고 간절히 기도했다. 한 15분 기도했을까? 갑자기 혀가 말리면서 방언이 터졌다. 기쁨을 주체 못하는 가운데도 '방언이 터지면 많이 해야 좋다'는 집사님의 말이 생각나 계속 기도했다. 그 뒤에 예수원에서 생활하면서도 숙소에서는 침묵으로 기도했지만 십자가제단이 있는 야외기도처에서는 방언으로 산이 울리도록 기도했다. 성경말씀처럼 방언을 하면 내가 회복되며 충만해졌다. 방언은 지금도 내게 큰 힘을 준다.

청년시절에 핵물리학자가 꿈이었고 노년에도 핵물리학 잡지 탐독이 취미였을 정도로 과학자의 정신을 가진 대 신부님은 '공동체생활을 하려면 방언으로 매일 한 시간 이상 기도해야 한다'고 하시며 매일 새벽에 방언으로 기도하신 뒤에 새벽예배에 나오셨다.

방언을 모르는 사람들은 방언을 업신여기거나 아예 부정하지만 지난 내 사역에서 많은 사람들과 청소년들이 방언 받는 모습을 보았다.

내가 중고등부에서 지도한 박산돌은 자신이 중학교 때 선교여행을 간 이스라엘에서의 경험을 내게 말해 주었다. 그때 전 세계에서 온 사람들이 모여 함께 기도하는데 한 흑인이 경상도 사투리로 "아버지여, 은혜 주이소, 은혜 주이소" 하더란다. 나중에 보니 이 흑인은 우리나라를 전혀 모르는 사람이었고, 자신은 방언으로 기도했을 뿐이라고 했단다.

98년 4월이다. 2년차 수련을 받을 때 같이 수련을 받는 형제자매들과 십자가제단에서 찍었다. 이곳에서 밤에 목청껏 방언 기도를 했다. 맨 뒤가 필자다.

방언은 하는 사람만이 유익을 안다. 방언을 하지 못하는 사람은 그 가치를 알 길이 없다. 방언을 하지 못하면서 콩이야 팥이야 하는 분들은 일단 받아서 해 보고 그다음에 말했으면 좋겠다.

방언통역

영의 언어인 방언을 자신이 사용하는 말로 통역하는 은사다. 그러므로 방언을 말하는 사람은 통역하도록 기도하시오(고전 14:13). 통역하는 은사는 두 가지 기능이 있다.

방언을 하면 영은 물론이고 혼까지 활발해져 좋기는 한데 도대체 내가 무슨 말을 하는지 몰라 답답할 때가 있다. 이때 통역하는 은사를 구해 받으면 자신이 무슨 말을 하는지 알게 된다. 하지만 자신이 알고 싶을 때마다 통역이 되는 것은 아니다. 통역자는 내가 아니라 성령님이시므로 성령님이 원하실 때 통역이 나온다.

통역의 또 다른 기능은 '대언'이다. 누군가가 하는 방언을 누군가가 통역하면 뜻밖으로 공동체에 유익한 대언이 된다. 하나님께서 그 공동체에 뭔가 말씀이 있어 대언하는 사람을 사용하고 싶어 하신다. 그런데 대언하는 사람이 대언을 한다는 자체에 두려운 마음이 들어 입을 닫는 경우가 종종 있다. 그렇지만 사람들이 방언하는 것에는 두려움을 느끼지 않기 때문에 유창하게 방언을 하면 통역하는 사람이 그 방언을 통역해 하나님의 말씀이 공동체에 주어지는 것이다. 따라서 교회에는 대언자도 필요하지만 통역자도 필요하다.

성령님에 관한 책 두 권을 소개한다. 하나는 대 신부님의 성령론인 『산골짜기에서 외치는 소리』다. 이 책은 신부님의 성령론과 더불어 신부님의 다른 가르침도 담겨 있는데 절판된 게 안타깝다. 중고책을 구하면 된다. 또 하나는 예수전도단 홍성건 목사님의 『성령으로 행하는 사람』이다. 이 책은 대 신부님의 성령론을 참고해 로마서 12장의 은사와 에베소서 4장의 은사와 직임까지 하나의 틀로 연결해 자세히 설명한다.

우리는 이 장에서 성령님이 주시는 능력을 알았다. 능력은 구하면 주신다는 것도 알았다. 능력과 열매는 한 성령님의 다른 역할이라는 사실도 알았다. 이에 따라 성령님의 능력이 나타나지만 형편없는 생활을 하는 사람과 성령님의 능력이 나타나는 교회이지만 교인끼리 싸우는 경우를 이해하게 되었다. 또 법 없이도 살 사람이라는 말을 듣지만 성령의 능력이 나타나지 않아 교인의 고통을 해결해 주지 못하는 교회의 경우도 이해하게 되었다.

현대인은 불안, 초조, 근심 가운데 살아간다. 몸에 병도 많다. 교회는 이러한 교인들의 문제를 해결해 주어야 한다. 의학이나 상담의 도움을 받는 것도 필요하지만 먼저는 성령님을 의지해야 한다. 성령님을 의지하고 구하면 많은 부분이 해결되고, 그 나머지 부분을 의학과 상담의 도움을 받으면 된다.

　　목회자는 반드시 성령님의 능력이 있어야 한다. 성령님의 능력을 구하라. 구했으면 받은 줄로 믿고 사용하라. 능력은 담대히 사용할 때 나온다. 담대함이 필요하다. 구하고 실행했지만 능력이 나타나지 않는다고 해도 실망하지 말고 다음에 또 하라. 처음부터 능력이 강력하게 나타나는 사람은 흔치 않고 대부분이 더디게 나타난다. 실망하지 말고 능력이 나타날 때까지 하라. 다른 사람을 의식하는 소심함을 버리고 계속 실행하면 능력이 나타난다. 정 소심함이 떨쳐지지 않으면 '능력에 관해서는 초보자'라고 양해를 구하고 하라. 구하면 주신다!

셋

교회의 본질은 코이노니아다

1. 교회는 무엇을 하는 모임인가?

우리는 흔히 교회를 '예배드리는 곳'이나 '가르침을 받는 곳'이라고 생각한다. 교회에서 이 두 활동이 가장 빈번하고 또 예배에도 설교가 포함되기 때문에 교회는 가르치는 곳이라는 인식이 강하다. 더구나 이름도 '가르침을 받는 모임'이라는 뜻의 '교회敎會'로 붙였다.

많이 알려졌지만 교회라고 번역한 헬라어 '에클레시아'는 그리스 아테네에서 '정치와 법에 따른 결정을 내리기 위해 소집된 모임'을 뜻했다. 아테네 시민들이 어떤 결정을 내리기 위해 광장에 가끔 모였는데, 그 모임을 에클레시아라고 불렀다.[1] 따라서 교회를 '하나님의 부르심을 받은 사람들의 모임'이라고 정의한다. 이 에클레시아를 처음으로 사용한 분은 예수님이시다.

> "또 내가 그대에게 이르니 그대는 베드로요. 내가 이 반석 위에 내 교회(에클레시아)를 세우리니 음부의 권세가 이기지 못할 것이오"(마 16:18).

우리는 예수님께서 그때까지 없던 새로운 공동체를 표현하시기 위해 가장 적절한 단어를 고르셨으리라 짐작할 수 있다(물론 광야 교회는 있었다). 주목할 점은 에클레시아에는 우리가 지금 교회 하면 떠올리는 예배나 가르침 같은 행위가 전혀 담기지 않았다는 사실이다. 다만 이 이름에는 두 가지 뜻이 있다.

첫째, 이 모임에 들어올 사람들의 자격이다. 그것은 '하나님의 부르심을 입은' 사람이다. 교회는 하나님의 부르심을 입은 사람들이 모이는 곳이다.

둘째, 교회의 실체다. 공간이나 건물이 아니라 '사람'이 교회다. 우리는 예배를 드리는 공간을 편의상 교회라고 부르지만 실제로는 '교인들의 모임'이 교회다. 부르심을 입은 사람 한 명 한 명이 교회고, 그 사람들의 모임체가 교회다. 따라서 교인들이 집, 식당, 카페, 공원, 심지어는 사도 바울처럼 옥에서 모이더라도 그곳은 교회다.

그렇다면 이렇게 모인 사람들은 무엇을 해야 할까? 예수님은 무엇을 하라고 우리를 모으셨을까?

교회가 무엇을 하는 곳인지 알려면 교회사에서 최초의 교회가 태어나 활동하는 장면을 보면 된다. 태어난 아기는 누가 시키지 않아도 스스로 울고 웃고 숨 쉬고 젖을 빠는 생명활동을 하듯이 태어난 첫 교회도 스스로 교회로서의 활동을 했기 때문이다.

저희가 사도의 가르침을 받아 서로 교제하며 떡을 떼며 기도에 힘썼다. 믿는 사람은 모두 함께 지내며 모든 것을 서로 통용하였다. 그들은 재산과 소유물을 팔아서 모든 사람에게 필요한 대로 나누어 주었다. 그리고 날마다 한마음으로 성전에 열심히 모이고 집집이 돌아가면서 빵을 떼며 순전한 마음으로 기쁘게 음식을 먹고 하나님을 찬양하였다. 그래서 그들은 모든 사람에게서 호감을 샀다. 주님께서는 구원 받는 사람을 날마다 더하여 주셨다(행 2:42, 44-47).

예수님께서 약속대로 성령님을 보내 주셨다. 마가네 집에서 성령님을 받은 사람들이 방언을 말했다. 성령님의 능력을 받은 베드로의 설교를 들은 사람들이 자기 죄에 찔려 회개하고 삼천 명이나 세례를 받는 장면이 사도행전 2장 41절까지고, 곧바로 42절부터 누가는 초대 교인들의 생활상을 소개한다. 위의 말씀을 보면 초대 교인들은 네 가지를 했다.

첫째 - 가르침을 받았다
둘째 - 서로 교제했다
셋째 - 떡을 뗐다

넷째 - 기도했다

초대 교인들은 사도들에게 진리를 배웠다. 교회는 진리를 배우는 곳이다. 우리 한국 교회는 가르치고 배우는 활동이 매우 활발한데, 이 점은 초대 교회의 모습을 잘 지켜 가고 있다.

'떡을 뗌'은 예수님의 몸과 피를 기념하는 성찬을 말한다. 예수님은 '먹고 마실 때마다 나를 기념하라'고 하셨는데, 한국 교회는 성찬을 가끔 해서 아쉽다. 한국 교회는 성찬의 유익을 더 발견해야 한다.

다음으로, 초대 교인들이 기도를 열심히 했다는 점은 베드로와 요한이 성전으로 기도하러 올라가는 장면(행 3:1)과 잡혀갔다가 풀려난 베드로와 요한이 성도들과 함께 간절히 기도하는 모습에서 알게 된다(행 4:24-). 초대 교회를 따라 열심히 기도하는 한국 교회는 가르침과 더불어 기도가 장점이다.

초대 교회와 한국 교회가 다른 점은 '교제'에 있다. 여러분은 '교제'라는 말을 들으면 어떤 모습이 떠오르는가? 여러분이 다니는 교회와 초대 교회는 교제가 어떻게 다른지 아래의 글을 읽으며 비교해 보자.

믿는 사람은 모두 함께 지내며 모든 것을 서로 통용하였다. 그들은 재산과 소유물을 팔아서 모든 사람에게 필요한 대로 나누어 주었다(행 2:44-45).

이들은 놀라운 행동을 했다. 마가네 집에서 모이는 사람들이 백이십 명이었고, 베드로의 설교를 듣고 회개한 사람들이 삼천 명이다. 삼천 명 가운데는 오순절을 지키려고 외국이나 인근에서 왔다가 돌아간 사람들이 있을 줄 알고 예루살렘 교인의 수를 오백 명으로 잡자. 개인이 아닌 수많은 사람들이 강요나 압력을 받아서가 아니라 '스스로', '스스로' 자기 재산을 팔아 필요한 사람에게 나눠 주는 모습은 그때까지의 인류역사에서 이 장면이 유일하다.

98년 여름에 예수원의 겟세마네동산에서 수련자들이 코이노니아를 했다. 첫 줄 맨 오른쪽이 필자고, 그때 2년차 수련을 받고 있었다.

이러한 나눔은 사람의 타락한 본성으로는 어림도 없다. 누가는 이들의 나눔을 '통용(교제)'이라는 단어로 표현했고, 이러한 모습을 사도행전 4장에서 한 번 더 기록하여 통용이 날마다 일어나는 생활이라는 점을 못 박아 둔다.

믿는 무리가 한마음과 한뜻이 되어 모든 물건을 서로 통용하고 자기 재물을 조금이라도 자기 것이라 하는 이가 하나도 없었다. 사도들이 큰 권능으로 주 예수의 부활을 증언하니 무리가 큰 은혜를 받아 그중에 가난한 사람이 없으니 이는 밭과 집 있는 자는 팔아 그 판 것의 값을 가져다가 사도들의 발 앞에 두었고, 그들은 각 사람의 필요를 따라 나누어 주었다(행 4:32-35).

이들은 2장에서처럼 모든 물건을 서로 나눠 썼고, 재물을 조금이라도 자기 것이라 하지 않았으며, 집과 밭이 있는 사람은 그것을 팔아 교회에 주었고, 사도들은 이 돈을 가난한 사람들에게 나눴다. 그 결과 이 공동체는 나라님도 해결하지 못한다는 가난을 쉽게 해결했다.

이들의 행동을 묘사하는 단어인 '교제'와 '통용'은 헬라어 단어 하나를 우리말로 번역할 때 다르게 번역한 것인데 그 단어는 '코이노니아'다. 명사 '코이노니아'는 우리말 성경에서 교제, 통용, 사귐, 교통, 참여, 나누어 줌, 연보 등으로 번역되었다.[2]

코이노니아	코이노스	코이노네오	코이노니코스
교제, 사귐, 교통, 통용, 참여, 나누어 줌, 연보, 공급 등	공동의	나누다, 함께하다, 참여하다	나누어 주다
행 2:42; 롬 15:26; 고전 1:9, 10:16; 고후 6:14; 8:4; 9:13; 13:13; 갈 2:9; 빌1:5, 2:1, 3:10; 몬 6 ; 히 13:16; 요일 1:3; 6:7	행 2:44, 4:32	롬 12:13; 15:27; 갈 6:6; 빌 4:15; 딤전 5:22; 히 2:14; 벧전 4:13; 요이 11	딤전 6:18

이렇듯이 코이노니아 한 단어를 여러 우리말로 번역했는데 대 신부님은 '우리말에는 이 단어의 뜻을 나타내는 적절한 단어가 없기 때문에 할렐루야나 아멘처럼 원어 그대로 코이노니아로 써야 했다'라고 하셨다(이 글에서는 코이노니아로 쓰겠다). 따라서 코이노니아의 진정한 뜻을 알려면 모자이크 조각을 모두 맞춰야 그림 전체가 드러나듯이 코이노니아를 번역한 우리말 단어를 하나로 합쳐야 비로소 온전한 뜻을 그려 볼 수 있다. 이렇게 모으면

어떤 뜻이 될까?

다음은 대 신부님의 설명이다.

코이노니아가 무엇입니까? 협력하는 것, 서로를 위하여 책임지는 것입니다.[3]

대 신부님은 코이노니아를 옛날의 건달들 사이에서 지켰던 '의리'라고 설명하셨다. 지금은 건달들에게 의리를 찾아볼 수 없지만 과거의 건달들은 의리를 중요하게 여겨 동료를 위해 자신이 희생하고 책임져 주는 정신이 있었다. 신부님은 이들이 말하는 의리가 바로 코이노니아라고 하셨다. 김보성이라는 연예인이 의리를 외치며 동료들을 보살피고 소외된 사람들을 찾아가돕는 그 행동이 코이노니아다. 누군가를 책임져 주는 의리가 바로 코이노니아다. 주지할 사실은 초대 교회처럼 물질(재산)의 어려움까지 책임져 주어야진정한 코이노니아라는 사실이다. 하나님의 부름을 받아 교회가 된 우리는서로를 책임져 주는 관계로 맺어진 사이다. 현대 교회가 잃어버린 이 책임져주는 관계를 회복해야 우리는 참다운 교회를 맛보게 되고, 세상에도 진정한교회를 보여 줄 수 있다.

교회는 코이노니아가 바탕이다. 가르침도 받고, 성찬도 하고, 기도도 하고, 구제도 하고, 전도도 해야 하지만 코이노니아가 되지 않으면 교인들이모래알처럼 흩어져서 이 모든 수고가 효력을 발휘하지 못한다. 가화만사성家和萬事成이라고 교회도 코이노니아가 이뤄져야 비로소 화목하게 돼 모든일이 잘 된다. 교회에서 하는 모든 행위는 코이노니아가 이뤄지는 만큼 비례해서 효력이 나타난다. 보라! 초대 교회가 나눈 진정한 코이노니아의 힘은로마와 유럽을 복음화하고 전 세계에 오늘날의 교회를 탄생시켰다. 코이노니아가 교회의 본질이다.

2. 코이노니아는 성령님의 역할이다

한국 교회에도 코이노니아가 활발한 곳이 있다. '감자탕교회'로 알려진 서울광염교회는 교인 간에는 물론이고, 이웃과도 나누고, 재난을 당한 외국까지 찾아가 물품을 전달하고 복구를 도와준다. 이런 교회는 교인들이 모이면 분위기가 좋다. 사이좋은 가족 사이에 공유되는 애정과 연대감이 나타나 웃음이 밝고 화목하다. 몸과 마음이 병든 사람도 이런 교회에 들어오면 곧 회복된다. 초대 교회가 이런 모습이었다.

날마다 정해진 시간에 성전에 모이고 서로의 집에서 번갈아 가며 모여 기쁨과 감사에 넘쳐 음식을 먹고 하나님을 찬양하였다(행 2:46-47).

예수님을 죽인 유대인들은 이들까지 넘보고 있었지만 성도들은 기쁨과 감사가 넘친다. 성도들은 깊은 친밀함으로 하나가 되었다. 흔쾌히 재산을 나눈 사이에는 벽이 없다. 이들은 어떻게 재산까지 나누는 코이노니아가 가능했을까?

예수님이 죽기 전날에 모든 제자들은 주님과의 의리를 지키겠다고 맹세까지 했지만 예수님이 잡히시자 뿔뿔이 도망갔다. 이 경험을 통해 제자들은 자신들이 얼마나 연약한 사람들인지 비로소 깨달았다. 부활하신 예수님은 제자들을 찾아와 이들을 회복시키신다.

예수께서 말씀하셨다. "평강이 있을지어다. 아버지께서 나를 보내신 것같이 나도 여러분을 보냅니다." 이 말씀을 하시고 그들을 향하여 숨을 내쉬며 이르셨다. "성령을 받으시오"(요 20:21-22).

이 자리에서 예수님은 제자들에게 성령님을 실제로 주셨다. 대 신부님은 제자들이 이때 '내적성령'을 받았다고 하신다. 서로 큰 자가 되려고 다투고 주님을 모른다고 배신한 제자들이 내적성령을 받은 이때부터 하나가 되기 시작했다고 하신다.

사도행전 2장에… '그들이 한마음 한뜻으로 함께 있었다'고 했습니다. 어떻게 하나가 되었을까요? 예수님께서 부활하신 날 밤에 그들은 내적세례를 받았습니다. 성령이 그들 마음 안에 들어가서 서로 사랑하고 같이 있기를 원하는 마음, 즉 코이노니아가 생겼습니다(요 20:22-23). 사도들에게 코이노니아가 시작됐습니다.[4]

예수원의 식탁 코이노니아. 주일 점심시간이라 단출하다. 대 신부님이 보이고, 가장 오른쪽에 앉은 사람이 필자다.

제자들은 이때부터 성품에 변화가 일어났다. 백이십 명이 모여 '더불어 마음을 같이하여 오로지 기도에 힘썼다'(행 1:14)라는 말씀에서도 하나 된 모습이 보인다. 맛디아를 뽑을 때도 과거의 그들이었다면 예수님이 부재하는 상황에서 주도권 다툼이 일어날 법한데도 베드로의 제안으로 회의를 진행하면서 과정과 결과에 불만이 없다. 오히려 예수님을 죽인 유대인의 위협이 여전한데도 이들은 '마음을 함께하여' 기도하는 모습을 보여 준다. 이들이 시작한 코이노니아는 베드로의 설교를 듣고 회개한 사람들이 교회에 들어오므로 더욱 퍼져 나갔고, 계속해서 믿는 사람들이 늘어나면서 더 크게 퍼졌다.

코이노니아는 '성령님이 하시는 사역'이다. 성령님은 하나님과 예수님을 대신해 수많은 일을 하신다. 우리에게 구원에 이르는 믿음을 주시고, 우리가 죄에 빠졌을 때 회개하게 하시며, 우리를 변호하시고, 은사도 주시며, 아홉 가지 열매도 맺혀 주시지만 성령님의 고유한 역할은 바로 코이노니아다. 이를 잘 보여 주는 말씀이 있다.

주 예수 그리스도의 은혜와 하나님의 사랑과 성령의 교통하심이 여러분과 함께 있을지어다(고후 13:13).

예배에서 축도로 사용되어 익숙한 이 말씀은 교회에서 가장 많이 사용되는 구절인데도 이 말씀에서 세 분 하나님의 고유한 역할이 분명하게 드러나는 점은 간과된다. 사람으로 오셔서 우리의 죄를 지시고 십자가에 달리신 주 예수 그리스도의 착한 일은 그 이상이 없는 '은혜'다. 우리가 아직 죄인일 때에 우리를 구원하시려고 아들을 피 흘리게 하신 하나님의 행동은 지극한 '사랑'이다. 그다음에, 다른 번역본에는 '교제', '사귐' 등으로 번역된 성령님의 '교통'은 코이노니아를 번역한 말이다.

그렇다면 우리는 코이노니아가 성경이 취급하는 단어 가운데 가장 중요한 '은혜'와 '사랑' 옆에 동급으로 자리한다는 사실과, 세 단어의 소유자가 각각 정해져 있다는 사실과, 각각의 소유자가 예수님과 하나님과 성령님이라는 사실을 고려하여 코이노니아의 가치와 중요성을 인식해야 마땅하다. 코이노니아는 성령님의 가장 주요한 역할이다. 고유한 역할이다. 초대 교인들이 성령님을 받고 비로소 코이노니아가 실행되었지 그 전에는 진정한 코이노니아가 없었다.

우리는 이런 경험을 흔히 한다. 부흥회에 참석하고 돌아온 자린고비 김 집사가 갑자기 푸짐한 밥을 사고 뜻밖의 선물을 하는 경우 말이다. 우리가 '은혜 받았다'고 말하는 이런 경우가 바로 성령님이 그의 마음에 오신 결과로 마음이 넉넉하게 바뀌어 코이노니아를 하게 된 예다. 성령님이 오시면 마음이 넉넉해진다.

여러분에게 권합니다. 여러분은 성령을 따라 행하시오. 그러면 육체의 욕심을 따르지 않게 됩니다(갈 5:16).

성령님을 받고 따라 행하는 사람은 자기의 욕망과 이기심을 따르지 않게 된다. 이런 사람은 고통 받는 이웃의 아픔에 공감하고 위로하며 재물도 나눠준다. 하지만 육체의 소욕은 강력한 힘으로 성령의 뜻을 대적한다. 육체의 소욕은 성령을 거스르고 성령은 육체를 거스르니 이 둘이 서로 대적함으로 여러분이 원하는 것을 하지 못하게 합니다(갈 5:17). 성령님의 뜻을 거부하고 육체의 욕망을 따르면 이웃의 고통에 둔감해져 누구에게 무엇이 필요한지 모르게 된다. 코이노니아를 거부하고 이기심을 채우는 사람은 육체를 따라 멸망의 길로 가는 중이다. 우리가 성령님을 따라 살지 않으면 그것은 육체를 따라가는 삶이기 때문이다. 육체의 일은 분명한데 곧 음행과 더러운 것과 호색과 우상숭배와 술수와 원수를 맺는 것과 분쟁과 시기와 분냄과 당 짓는 것과 분리함과 이단과 투기와 술 취함과 방탕함과 또 그와 같은 것들입니다. 전에 여러분에게 경계했듯이 경계하는데 이런 일을 하는 자들은 하나님의 나라를 유업으로 받지 못합니다(갈 5:19-21). 교인이라면서도 성령님이 아니라 육체를 따르는 사람은 얼마든지 있다. 이런 사람들로 인해 교회가 갈라져 싸우고 원수가 되는 일도 벌어진다(다시 말하지만 교인에는 나와 같은 목사도 포함된다. 목사도 교인이다). 코이노니아가 일어나지 않는 교회는 계모임보다도 못한 단체로 전락한다.

날마다 정해진 시간에 성전에 모이고 서로의 집에서 번갈아 가며 모여 기쁨과 감사에 넘쳐 음식을 먹고 하나님을 찬양하였다(행 2:46-46상).

코이노니아를 하는 예루살렘 교회는 사는 맛이 느껴진다. 기쁨과 감사가 넘친다. 어떤 교회든지 코이노니아가 이뤄지면 예루살렘 교회처럼 된다.

이를 본 예루살렘의 모든 시민들이 그들에게 호감을 가졌으며 하나님께서는 구원받는 사람을 날마다 더 늘어나게 하셨다(행 2:47).

사도행전 2장의 분위기를 압축해 결론으로 보여 주는 이 말씀은 코이노니아의 위력을 보여 준다. 예루살렘 시민들은 예수님을 십자가에 못 박으라고 외친 사람들이다. 예수님을 죽게 만든 사람들이 제자들에게 호감을 가질 리가 없는데도 이들에게 호감을 가졌다. 서로 모여 식구처럼 우애를 나누고, 즐거워하고, 가난한 사람에게 자기 재산을 주는데 호감이 없을 도리가 없다. 그러자 하나님께서는 믿는 사람을 날마다 늘어나게 해 주셨다. 코이노니아를 하면 교회 밖의 사람들이라도 그러한 모습이 얼마나 귀하고 아름다운지 알게 되어 이러한 공동체에 기꺼이 들어오고 싶게 된다.

코이노니아는 성령님의 역할이다. 성령님은 우리 안에서 당신의 뜻을 펼치고 싶어 하신다. 우리가 성령님의 뜻을 따르려고만 하면 자연스럽게 코이노니아를 하게 된다. 성령님을 따르면 육체의 소욕을 거부하고 코이노니아를 하게 된다. 그렇게 되면 천국을 이 땅에서 벌써 맛본다.

3. 코이노니아는 하나님의 성품이다

하나님께서는 사람을 당신과 코이노니아 하도록 창조하셨다. 아담과 하와는 보이지 않는 하나님을 보이는 사람을 대하듯이 교제했다(창 2:16-17, 3:9-21). 그런데 아담이 죄를 지으며 인류는 하나님과의 코이노니아가 끊겼다. 하나님과 코이노니아가 끊긴 인류는 이웃과도 온전한 교제를 나누지 못하게 됐다. 하나님께서는 인류와 다시 코이노니아 하시려고 예수님을 구원자로 보내셨다. 예수님을 구세주로 받아들인 사람은 죄를 용서 받고 다시 하나님과 코이노니아를 할 수 있고, 초대 교회 성도들이 보여 주듯이 이웃과도 진정한 코이노니아를 하게 되었다. 하나님과 이웃과 코이노니아 하는 삶은 예수님이 다시 오실 때 이뤄지는 새 하늘과 새 땅에서 누리게 될 삶을 벌써 이 땅에서 맛보는 생활이다. '창조-타락-구원-재림-영원한 삶'으로 이어지는 인류역사에서 두 주제인 '구원'과 '하나님의 나라'는 그 핵심이 코이노니아다.

우리가 보고 들은 바를 여러분에게도 전함은 여러분이 우리와 사귐(코이노니아)이 있게 하려 함이니 우리의 사귐은 아버지와 그 아들 예수 그리스도와 함께함입니다(요일 1:3).

사도 요한은 자신과 수신자들이 하나님 그리고 예수님과 각각 코이노니아 하는 사람들이라며 수신자들에게 코이노니아의 손을 내민다. '우리도 그대들도 예수 믿으니까 서로 사귀자'는 말이다. 상관이 없는 사이였지만 예수님을 통해 각각 하나님과 코이노니아 하게 됨으로 이제는 서로 코이노니아를 할 수 있는 사이가 되었다.

앞에서 코이노니아를 '책임져 주는 의리'라고 말했다. 십자가 구원은 하나님께서 우리와 의리를 지키신 행동이다. 죄를 지은 사람이 응당 그 죄의 벌로 죽어야 하는데 하나님께서는 우리를 대신해 십자가를 지시고 죽으시므로 우리와의 의리를 지키셨다. 우리가 죄 졌다고 버리지 않으시고 끝까지 책임져 주셨다. 대 신부님은 이렇게 말씀하신다.

하나님께서는 우리를 책임지시기로 결정했습니다. 이것은 놀라운 일입니다. 우리가 개미집의 개미들을 볼 때 책임지려고 합니까? 그렇지 않지요. 밟아도 됩니다. 하나님께서도 인간을 보실 때 충분히 그럴 수 있지만 그렇게 하지 않으셨습니다. 우리를 책임지기로 결정하셨습니다. 자기 아들을 세상에 보내신 것입니다. 십자가에서 끔찍스러운 죽음을 당하게 해서 책임을 지셨습니다.… 하나님께서 우리를 책임지시고, 또 우리가 하나님에 대해 책임을 다하는 것,… 뿐만 아니라 땅에 있는 우리 신자들이 서로 책임을 지는 것을 코이노니아라고 합니다.[5]

우리를 책임져 주신 분이기에 하나님을 믿을 만하다. 여러분을 불러 그의 아들 예수 그리스도 우리 주로 더불어 교제(코이노니아)하게 하시는 하나님은 미쁘십니다(고전 1:9).

98년 2월에 '제1회 코이노니아' 행사를 했다. 자신의 물건을 내놓으면 필요한 사람이 가져가면 된다. 가장 많은 물건을 내놓은 재인 할머니는 주전자를 고르고 좋아하셨다.

그렇다면 왜 하나님은 우리와 코이노니아 하길 원하실까?

'하나님은 사랑이시다'(요일 4:8). 하나님은 사랑(아가페) 자체시다. 사랑은 어떤 실제를 표현한 말이다. 실제로 구현된 어떤 행위를 표현한 말이다. 그 구현된 실제가 바로 코이노니아다. 사랑이 현실에서 실제가 돼 나타난 모습이 코이노니아다. 예수님께서 "여러분의 마음을 다하고 목숨을 다하고 뜻을 다하여 주 여러분의 하나님을 사랑하시오."라고 하신 말씀은 '하나님께서 여러분 대신 죽으셔서 구원해 주셨으니 이제 최선을 다해 하나님과 코이노니아 하라'는 뜻이고 "여러분의 이웃을 여러분의 몸과 같이 사랑하시오." 하신 것도 '하나님께서 여러분의 이웃도 사랑하셔서 대신 죽으셨으니 이제 여러분의 이웃과도 최선을 다해 코이노니아 하라'는 말씀이다.

누가 이 세상의 재물을 가지고 형제의 궁핍함을 보고도 도와줄 마음을 닫으면 하나님의 사랑이 어찌 그 속에 있겠습니까(요일 3:17).

내게 사랑이 있으면 그 사랑은 실제가 되어 이웃이라는 현실에게 나타나게 되어 있다. 반대로 내게 사랑이 없으면 그것도 실제가 되어 이웃이라는 현실에게 나타난다. 하나님을 사랑한다면서 가난한 사람에게 충분히 코이노니아 하는 사람은 많지 않은 듯하다. 성경은 이웃의 어려운 처지를 보고 도와주지 않으면서도 하나님을 사랑하다고 말하는 사람에게 이렇게 말한다.

… 보이는 그 형제를 사랑하지 않는 사람은 보이지 않는 하나님을 사랑할 수 없습니다(요일 4:20).

보이는 형제와 코이노니아 하지 않으면서 보이지 않는 하나님과 코이노니아 할 수는 없다. 이웃과 코이노니아 하는 그 행동이 하나님을 사랑한다는 증거다. 하나님을 사랑한다면 이웃을 책임져 주어야 하고, 이웃을 책임져 주면 그 행동은 하나님을 사랑하는 표시다. 이웃사랑이 신앙의 핵심이고 이웃사랑은 코이노니아로 나타난다.

세 분 하나님은 나와 너라는 구별이 없을 정도로 코이노니아를 하셨다. "아버지여, 아버지께서 내 안에, 내가 아버지 안에 있는 것같이 그들도 다 하나가 되어 우리 안에 있게 하셔서 세상이 아버지께서 나를 보내신 것을 믿게 하소서"(요 17:21). 코이노니아는 하나님의 성품이다. 하나님의 성품을 받은 우리가 코이노니아 하는 것은 자식이 부모를 닮는 일처럼 당연하다.

4. 코이노니아는 하나됨이다

사람들이 한마음 되기가 어렵고 교인들도 한마음 되기가 어렵다. 교인들은 성장배경과 경험과 지식이 다르다. 사회에서의 위치와 재산의 정도도 다르다. 한 하나님과 한 성경을 믿지만 이런 연유로 전혀 다른 가치관과 신앙의식을 갖기도 한다. 이렇게 다양한 구성원이 모이는 교회를 성경은 '그리스도를 머리로 삼은 몸'이라고 말한다. 교회를 이루는 각 사람은 몸을 이루는 팔이고 다리며 발가락이다.

여러분은 그리스도의 몸이요 지체의 각 부분입니다(고전 12:27).

98년 5월이다. 예수원 가족들이 국악 장단에 맞춰 놀고 있다. 놀이는 서로를 하나가 되게 해 준다.

성경이 말하는 교회는 구성원 각자의 가치관, 세계관, 사회계층 등을 극복한 모임이다. 교회가 하나의 몸이라는 특수한 규정은 지구상의 국가, 학교, 기업, 마을 같은 조직을 모두 견줘도 그 친밀함의 정도와 각자의 특성을 존중하고 살리는 점에서 유례를 찾지 못한다. 교회는 오직 하나뿐인 공동체다. 이렇듯 교회를 다양한 구성원이 모이게 설계하신 하나님께서는 교인이 하나 되게 하는 데 자신이 있으셨다. 성령님을 보내 주시려는 계획이 있으셨기 때문이다.

이천 년 전의 유대사회는 차별이 강력한 사회다. 여성은 남성의 지배를 받았고, 노예는 주인의 재산이었다. 창녀와 병자와 세리는 죄인으로 불리며 유대공동체에서 따돌림을 당했고, 타 민족은 구원 받지 못하는 이방인이었다. 이런 사회에서 예수님은 창녀와 병자와 세리와 어울리며 밥을 드셨고, 병자를 고쳐 주셨으며, 이방인도 구원해 주셨다. 예수님은 당신에게 나와서 문제를 해결해 달라고 요청하는 사람이면 그가 어떤 사람이든지간에 문제를 책임져 주시고 친구가 되셨다. "인자가 와서 먹고 마셨더니 당신들은 '봐라, 먹기를 탐하고 포도주를 즐기는 사람이요 세리와 죄인의 친구다' 한다"(눅 7:34). 예수님은 당신에게 손을 내미는 사람은 그 누구라도 기꺼이 코이노니아를 나누셨다. 예수님께서는 잡히시기 전날에 이렇게 기도하셨다.

"…거룩하신 아버지여 내게 주신 아버지의 이름으로 그들을 보전하셔서 우리와 같이 그들도 하나가 되게 하옵소서"(요 17:11).

죽음을 앞두고 제자들을 생각하시는 예수님의 기도가 간절하다. 예수님은 당신과 하나님과 성령님이 하나인 것처럼 제자들도 하나가 되게 해 달라고 간구하신다. 그렇지만 제자들은 이 날에 서로 다투었다. 또 그들 사이에 그중 누가 크냐 하는 다툼이 났다(눅 22:24). 죽음을 앞둔 예수님은 비장하신

데 제자들은 예수님이 왕이 되시면 큰 자리를 차지하겠다는 야심으로 다투었다. 이와 같은 철저한 실패를 겪고 나서야 비로소 제자들은 자기들의 실체를 알았다. 예수님을 따라다녔지만 실상은 육체의 정욕에서 벗어나지 못한 자신을.

육체의 정욕에 잡힌 이들은 고린도 교회처럼 하나가 되지 못한다. 육체의 정욕을 쉽게 따르는 우리 사람이 하나되기는 불가능하다. 그런데도 예수님은 당신을 따르는 사람들에게 그때나 지금이나 하나 됨을 요구하신다. 불가능을 명령하신다. 이렇게 명령하시는 까닭은 하나 됨을 가능하게 해 주시는 성령님을 보내 주시기 때문이다. 무턱대고 하라는 게 아니라 할 수 있도록 해 주셨다.

여러분은 유대인이나 헬라인이나 종이나 자유인이나 남자나 여자나 모두가 그리스도 예수 안에서 하나입니다(갈 3:28).

예수님 안에서는 어떤 신분의 사람이라도 하나라는 사도 바울의 이 선포는 당대의 사회관습을 깨부수는 혁신이었다. 그리스도인 주인은 자신의 재산인 노예를 형제로 대우해야 했고, 여성을 남성과 동등한 인격으로 존중해야 했다. 창녀도 세리도 교회 안에서는 서로 형제요 자매였다. 수천 년을 이어 온 관습을 일시에 바꾸어 행동하는 혁신이 교회공동체에서 일어났다. 19세기 말에 일어난 동학東學이 만민평등을 주장했지만 기독교는 1세기 초에 이를 벌써 실행했음을 비교하면 기독교가 얼마나 앞서서 참다운 진리를 실행했는지 알게 된다.

사도 바울이 쓴 빌레몬서에도 신분을 넘는 코이노니아가 나온다. 바울은 로마의 옥에 갇혀 있는 중에 오네시모라는 노예를 알게 된다. 오네시모는 자신의 주인인 빌레몬의 집에서 물건을 훔쳐 달아난 노예다. 오네시모는 바울을 만난 뒤에 새사람이 되고, 오네시모의 변화를 인정한 바울은 전부터 아는 사이인 빌레몬에게 편지를 쓴다.

그는 이제 더 이상 노예가 아니라 훨씬 더 나아진 사람이고, 특히 내게 있어서 그러하여 사랑하는 믿음의 형제가 되어서 돌아가는 것입니다. 이제 그는 단순히 그대의 노예가 아닙니다. 그리스도 안에서 그대와 한 형제로 맺어진 귀중한 사람입니다(몬 16).

로마제국의 치하에서 주인의 재산인 노예가 도망을 가면 죽음으로 다스린다. 하지만 주인인 빌레몬은 갑자기 나타난 오네시모를 바울의 요청에 따라 용서하고 형제로 받아들였다. 이 빌레몬서의 주제가 코이노니아다.

나는 기도할 때마다 늘 그대를 생각하며 하나님께 감사하고 있습니다. 그대가 주 예수님과 모든 성도를 사랑과 믿음으로 대한다고 들었기 때문입니다. 그대의 믿음의 교제(코이노니아)가 우리 가운데 있는 선을 알게 하고 그리스도께 이르도록 하고 있습니다(몬 4-6).

바울은 빌레몬이 코이노니아를 실행하는 사람이라는 점을 알고 있었다.

그러므로 그대가 나를 진실한 친구로 생각한다면 나를 맞듯이 오네시모를 따뜻하게 맞아 주시오(몬17).

여기에서 '진실한 친구(코이노니아 하는 자)'로 번역된 명사 '코이노노스'는 혼인관계, 직계가족, 소유물을 나누는 사람을 지칭하는 말이다.[6] 바울은 빌레몬과 자신이 코이노니아 하는 사이라고 전제하며 오네시모와도 코이노니아를 해 달라고 요청한다. 이에 따라 빌레몬의 코이노니아로 자유인이 된 오네시모는 미천한 노예출신임에도 나중에 에베소 교회의 주교가 되는 엄청난 은혜를 받았다.[7]

이것이 바로 예수님이 우리에게 주신 '좋은 소식(GOOD NEWS)'이다. 구원은 믿은 사람이 죽어 천국에 갈뿐 아니라 이 땅에서 코이노니아 하므로 천국을 맛볼 수 있다는 소식이다. 우리는 그리스도 안에서 누구와도 하나가 되어야 하고 하나가 될 수 있다는 좋은 소식을 들은 사람들이다. 용서받고 자유인이 된 오네시모는 당장 천국을 맛보았을 테고, 용서하고 형제로 받아들인 빌레몬도 마찬가지다. 교인 간의 코이노니아는 당장 그들의 자리를 천국으로 만든다. 이러므로 코이노니아를 하는 교회에는 계급이 없다. 교회를 섬겨야 하는 직분이 한국 교회에서는 목사-장로-권사-안수집사-서리집사-권찰 순으로 계급화가 되었다. 이러한 계급정신은 '강고한 육체의 일'이다. 자신을 섬기라는 이기심이요, 교인의 하나됨을 방해하는 죄이기 때문이다. 성경은 형제들이여, 여러분이 자유를 위하여 부르심을 입었으나 그 자유로 육체의 기회를 삼지 말고 오직 사랑으로 서로 종노릇하시오(갈 5:13)라고 한다. 우리는 '서로 종노릇'하는 사람들이고, '피차 복종'하는 사이다. 그리스도를 경외함으로 피차 복종하시오(엡 5:21). 성경에 서로 종노릇하고 피차 복종하는 질서에서 목사나 장로나 권사는 제외라는 말이 없다. 교회 안에 들어온 사람은 누구라도 서로 섬기고 피차 복종하는 사이가 되어야 한다. 계급정신은 개인주의와 더불어 한국 교회의 코이노니아를 약화시킨 주범이다.

우리는 사회에서도 코이노니아를 실행해 이 나라를 살려야 한다. 우리는 청년과 노년, 남과 여, 노동자와 사용자, 호남과 영남, 남과 북이 코이노니아를 해야 한다.

5. 교회사에 나타난 코이노니아

성경과 교회사를 보면 교회가 시작되고 삼백 년 동안은 코이노니아가 교인의 생활방식으로 자리한 사실을 알게 된다. 이 사실은 먼저 사도들의 편지에 분명하게 나타난다. 사도들은 각 교회에 보내는 편지에서 코이노니아를 강조하며 필요를 요청했다.

사도들은 코이노니아가 흐려진 교회를 책망했는데, 이는 코이노니아가 반드시 실행되어야 하는 진리임을 알려 준다. 고린도전서 11장에서 사도 바울은 성찬을 할 때 먼저 온 사람들이 준비된 음식을 다 먹어 버려서 늦게 온 사람들은 먹을 게 없게 됐다며 강하게 책망한다. 여러분이 하나님의 교회를 업신여기고 가난한 성도들을 부끄럽게 하시오(고전 11:22). 부자는 자기가 원하는 시간에 올 수 있지만 빈자는 일을 마치고 와야 한다. 일찍 온 부자들이 음식을 다 먹고 난 뒤에 도착한 빈자는 원망을 터뜨렸다. 이렇게 고린도 교회는 코이노니아가 매우 약했는데 그 결과가 교인들 자신에게 되돌아왔다.

여러분 중에 약한 사람과 병든 사람이 많고 죽은 사람도 적지 않습니다(고전 11:30).

고린도 교회는 능력이 많이 나타나는 교회였다. 여러분은 모든 은사에 부족함이 없이 우리 주 예수 그리스도의 나타나심을 기다립니다(고전 1:7). 대 신부님은 고린도 교회에 대해 '병을 고치는 은사가 있는 교회에서 병든 사람이 많고 그러다가 죽은 사람이 있는 것은 교인 서로 간에 코이노니아가 없기 때문에 일어난 결과'라고 하신다.[8] 온전한 그리스도의 몸을 이루지 못한 결과로 교인들이 병을 앓고 죽음에 이른다는 말씀이다. 가족 간에 불화가 생기면 스트레스가 높아져 건강이 좋지 못한 것처럼 교인들 사이에 불화가 생기면 모임 자체가 고통이다. 반대로 서로 화목하면 뼈까지 튼튼해진다.

초대 교회는 다른 지역의 교회와도 코이노니아를 활발히 했다. 기원후 44년경에 이스라엘 전역에 심한 기근이 일어난다. 예루살렘 교인들도 기근으로 고통을 당했다. 소식을 들은 안디옥 교회는 돈을 모아 예루살렘 교회에 보냈다.

안디옥에 있던 성도들은 유대에 있는 교우들을 돕기 위한 헌금을 힘 닿는 대로 모아 보내기로 결의하였다. 그리고 곧 그대로 실행하여 그 헌금을 바나바와 사울 편으로 예루살렘 교회에 보냈다(행 11:29-30).

바울은 고린도 교회에게도 예루살렘 교회를 도우라고 요청한다(고전 16:1-3).

바울은 나중에 고린도 교회에게 또 다른 어려움을 당한 예루살렘 교회를 도우라고 요청하며, 마케도니아 교회들(빌립보, 데살로니가, 베뢰아)은 극심한 빈곤을 겪으면서도 예루살렘 교회를 돕는 헌금을 넘치게 했으니 여러분도 그와 같이 마음을 다해 도우라고 한다(고후 8).

성도들의 쓸 것을 공급하며 손 대접하기를 힘쓰십시오(롬 12:13).

이 말씀에서 '공급하며'가 코이노니아다. 로마에 있는 교인 간에 쓸 것을 나누라는 바울의 요청은 현대 교회가 생각하는 나눔이 아니라 사도행전 2장에 나타나는 '유무상통'을 실행하라는 요청이다. 교회는 쓸 것을 나눠야 비로소 온전한 교회가 된다.

예수님의 동생인 사도 야고보는 행함이 없는 믿음을 가진 사람의 구원을 회의한 뒤에 이렇게 말한다.

만일 형제나 자매가 헐벗고 일용한 양식이 없는데 그대들 중에 누구든지 그에게 평안히 가시오, 덥게 하시오, 배부르게 하시오 하며 그에게 쓸 것을 주지 않으면 무슨 소용이 있습니까. 행함이 없는 믿음은 죽은 것이오(약 2:15-16).

야고보서의 수신자들이 모이는 교회도 몇 가지 문제가 있었는데 그 가운데 하나가 코이노니아가 약한 점이었다. 사도 야고보는 코이노니아 하지 않는 사람은 죽은 믿음을 가진 사람이라고 단정한다. 열심히 기도하고 예배해도 가난한 사람을 돕지 않으면 그 믿음은 죽은 믿음이고 그런 사람에게 구원은 없다는 말이다.

사도 요한도 수신자들에게 코이노니아를 강하게 요청한다.

누가 이 세상의 재물을 가지고 형제의 궁핍함을 보고도 도와줄 마음을 닫으면 하나님의 사랑이 어떻게 그 속에 있겠습니까(요일 3:17).

그리스도인에게 코이노니아는 선택이 아니라 의무이자 책임이고 은혜며 교인임을 확증하는 증거다.

이러한 사상은 사도들이 죽고 난 뒤 이어진 속사도시대에도 나타난다. 교부 저스틴 마터(Justin Martyr, 100-165년)는 이렇게 증언한다(김현진 목사님이 쓴 「공동체신학」에 교회사에 나타난 코이노니아가 잘 정리돼 있다).

부유한 자들은 원하기만 한다면 무엇이든지 헌납을 하고, 그렇게 모인 것이 성찬식 집행자에게 전달되어 고아와 과부들, 병이나 그 밖의 이유로 빈궁한 처지에 있는 사람들, 옥에 갇힌 사람들, 그리고 공동체에 속하여 있는 포로 된 사람들이나 나그네들을 찾아가서 도와준다.[9]

이어 260년경에 알렉산드리아에 흑사병이 창궐했던 그때를 그곳 교회의 감독이 다음과 같이 증언한다.

우리의 형제들은 대부분이 넘치는 사랑으로 자기 자신을 돌보지 않고 서로 의지하여 두려움이 없이 병자들을 세심하게 보살피고 그리스도 안에서 시중을 들었으므로, 병자들과 똑같이 지극히 기쁜 마음으로 죽어갔다. 다른 사람들이 앓는 병에 전염되면서, 다른 사람의 병에 자기도 걸리면서, 자발적으로 그들의 고통에 동참하면서… 이렇게 해서 우리 형제들은 가장 튼튼한 사람들까지도 세상을 떠나버렸다. 그들은 성도들의 몸을 품에 안아 눈을 감겨 주고 입을 닫아 주며 어깨에 메고 가서 진심으로 얼싸안고 몸을 씻기며 옷을 입힌 다음 장례를 치렀기에, 그들도 얼마 안 가서 똑같은 시중을 받게 되었다. 그것은 이때에 살아남은 사람들이 또 언제나 먼저 간 사람들을 대신하여 기꺼이 나섰기 때문이었다.[10]

교인들이 전염병 자를 돌보다가 자신도 병자가 되어 죽어갔다는 증언이다. 이런 행동을 억지로 한 게 아니라 기쁜 마음으로 했다. 예수님께서 "사람이 친구를 위하여 자기 목숨을 버리면 이보다 더 큰 사랑이 없습니다."(요 15:13)라고 하셨는데 이들은 가장 큰 코이노니아를 했다.

사해사본에 비견되는 발견이라는 평가를 받는 '디다케'는 현존하는 초대 교회 문헌 가운데 가장 오래됐다고 알려졌다. 짧은 글로 이루어진 이 문헌에 이런 글이 있다.

빈궁에 처한 자를 외면하지 마라. 모든 것을 네 형제와 함께 나누고 그것이 네 것이라고 말하지 마라. 왜냐하면 너희가 영원불멸한 것을 함께하는 자라면, 하물며 없어질 것들 안에서 함께하는 것이랴?[11]

구원을 받은 형제와는 모든 것을 나누는 사이여야 한다는 가르침이다. 영원한 삶에 비하면 이 땅에서의 삶은 순간인데, 그 영원한 삶을 함께할 형제에게 순간 쓰다가 두고 갈 재산을 나누지 않는다면 영원한 삶을 버리고 현재의 삶으로 만족하겠다는 태도다.

이렇듯이 성령님이 오신 뒤에 시작된 코이노니아는 기독교가 공인되기 전까지는 교인의 삶을 이루는 생활방식이었다. 초기 삼백 년 동안 교회는 박해를 받으면서도 아름다운 교회를 유지했다. 국교가 된 뒤에 교회는 공통된 신앙고백으로 '사도신경'을 만들었다. 그 내용에 '성도가 서로 교통(코이노니아)하는 것과'라는 구절을 넣어 코이노니아를 교인의 생활방식으로 규정했다. 교회는 국교가 된 뒤에도 초대 교회가 유지했던 코이노니아의 중요성을 인식은 하고 있었다.

하지만 실제로는 코이노니아는 죽어갔다. 황제를 따라 교회에 들어온 정치인, 관료, 장군, 부자들은 그 전에 없었던 예식과 조직을 만들며 점점 부자들과 배운 이들의 교회로 바꿔 가기 시작했다. 박해 때에 단순한 믿음으로 진실한 코이노니아를 하며 교회를 유지한 사람들은 이들에 의해 밀려나기 시작했고, 이들에게 타협하는 사람들이 교권을 차지했다. 가난한 가운데 핍박받던 교회는 국가종교가 된 체제에서 부와 권력을 동시에 쥐었다. 로마인은 자신들의 장점을 살려 왕궁 같은 예배당을 세우고 교회를 점점 조직화했다. 이로써 후대가 '콘스탄틴주의'라고 부르는 교회의 세속화가 진행되었다. 그 뒤 수백 년 동안 교회는 사도신경에 담긴 '성도의 교통'은 '우리가 죽은 뒤에 죽은 사람들끼리 사귐이 있다는 뜻'이라는 엉뚱한 해석을 내놓았는데 이것은 오히려 그때 교회에서 코이노니아가 외면당하는 현실을 반증하는 말이 되었다.[12]

로마에 의한 로마를 위한 로마의 교회가 지속되면서 참다운 신앙을 찾으려는 사람들이 일어났다. 4세기 중반부터 진정한 신앙을 찾는 수도자들이 나타나 사막이나 광야에서 금욕생활을 시작했다. 이들을 따르는 사람들이 생겨나자 수도원이 설립되면서 코이노니아는 수도원에서 유지되었다. 문제는 이들의 코이노니아가 사회일반으로 흘러가지 못했다는 점이다. 일반인들은 '그들은 수도사이기 때문에 그렇게 살아야 하고 나는 그런 부르심이 없기 때문에 부자로 살아도 된다'는 핑계를 만들었다.[13] 물론 일반인 가운데도 스스로 코이노니아 하는 사람들이야 있었겠지만 코이노니아가 성경의 중요한 가르침으로 인정되지도 않았고 당연히 사회 전체로도 퍼져가지 못한 채 중세로 흘러갔다.

교회사에서 코이노니아가 주목할 하나의 흐름으로 튀어나온 때는 12세기다. 프랑스 리용 사람인 피터 왈도(Peter Waldo, 피터 왈도는 영어식 이름이고 '피에르 보데Pierre Vaudès' 또는 '피에르 드보Pierre de Vaux'로 불렸다. 1140-1218년)는 리용에서 고리대금업으로 부자가 됐다. 그는 자신이 베푼 잔치에 온 손님 중 하나가 갑자기 죽는 모습을 보고 구원의 필요성을 절감했다. 그는 한 신학자에 의해 주님의 말씀에 관심을 갖게 되었다. 그것은 "그대가 완전하고자 한다면 가서 그대의 소유를 팔아 가난한 사람들에게 주시오. 그리하면 하늘에서 보화가 그대에게 있게 되오. 그리고 와서 나를 따르시오"(마 19:21) 라는 말씀이었다. 놀랍게도 피터 왈도는 재산의 일부를 아내에게 주고 나머지는 가난한 사람들에게 나눠 주었다. 그는 한동안 성경연구에 몰두하다가 전도여행에 헌신했다. 그러자 사람들이 그를 따랐는데 사람들은 그들을 '리용의 가난한 사람들'이라고 불렀다.[14]

왈도파의 전도자들은 재산이나 소유물, 집이나 가족 등을 갖고 있지 않았다. 비록 그것을 가지고 있다 하더라도 그들은 기꺼이 그것들을 포기했다. 그들의 삶은 자기부정과 고난, 위험의 삶이었다. 그들은 돈도 없고 두 벌 옷도 없이 매우 간소한 여행을 하였다. …그들의 방문은 상당한 호응을 얻었으며 사람들은 존경과 애정의 표시로 그들을 극진히 대우하였다. …전도자들은 가난을 선택하였다. 그러나 한편으로 가난한 지체들을 돕는 것이 각 교회의 주요 임무였다. 때때로 개인 저택이 불충분하여 간소한 집회장소가 마련될 때면 그 안에는 가난하거나 노쇠한 지체들이 살고 보호받을 수 있는 공간이 부설되기도 하였다.[15]

이렇게 코이노니아를 하자 교회는 이들을 용납하지 않았다. 이에 대해 대신부님은 이렇게 말한다.

필터 왈도는 12세기경 사람인데 그때까지 약 천 년 동안 독신자들만 따로 공동체생활(수도원생활)을 했습니다. 필터 왈도 때 비로소 '코이노니아란 모든 신자들이 실행해야 하며 가족을 가진 사람들도 공동체생활을 해야 한다'고 외치고 그대로 실행했습니다. …교회가 너무 큰 도전을 받아서 '도무지 있을 수 없는 소리다'라고 크게 반대하고 '이단'이라고 몰아붙였습니다.[16]

유대인들은 예수님도 예수님을 따른 사도 바울도 이단이라고 했다. 우리가 보니 이 사람(바울)은 염병이요 천하에 퍼진 유대인을 다 소요케 하는 자요 나사렛 이단의 괴수요(행 24:5). 엄청난 부와 권력을 가진 교황청에게 '재산을 코이노니아 해야 한다'는 말이 성령의 소리로 들릴 리 없었다. 교황청은 이들을 이단으로 몰아붙였다.

그 뒤 16세기에 나타난 재세례파도 코이노니아를 주장하다가 로마 교회는 물론이고 막 태동되는 개혁 교회에게도 엄청난 핍박과 죽음을 당했다. 이들은 유아기에 받은 세례는 자신의 의지로 받은 것이 아니므로 성인이 된 뒤에 믿음을 고백하고 다시 세례를 받아야 비로소 신자라고 주장한다고 재세례파로 불렸다. 물론 이들이 이러한 주장을 했지만 이들이 주장하고 실행한 진리는 이보다 더 깊은 차원이었다.

재세례파에 대해 로마가톨릭 신학자인 프란츠 아그리콜라(Franz Agricola)가 1582년에 다음과 같이 썼다.

지금까지 이단종파 중에 재세례파보다 더 온건하고 경건하게 생활하는 단체가 없었다. 그들의 공중생활에 대해서는 나무랄 데가 없다. 거짓말, 기만, 객담, 불화, 거친 말, 탐식, 음주, 자기과시 등은 전혀 찾아볼 수 없고 하나님의 성령을 받은 자들이 지닐 수 있다고 생각되는 겸손, 인내, 고결, 청결, 정직, 절제, 강직함 등의 덕이 있었다.[17]

당시의 로마가톨릭 신학자도 재세례파의 신앙과 인격과 생활을 인정한다는 점에서 재세례파가 어떤 사람들인지 확인된다. 그러한데도 재세례파를 핍박한 까닭은 콘스탄티누스 황제 이전의 교회로 회복하자는 이들의 주장 안에 재세례파의 일부가 초대 교회처럼 재산까지 코이노니아 해야 한다고 주장함으로 당대 교회에 심각한 도전을 주었기 때문이다. 이들은 무자비한 핍박과 죽음을 당하면서도 살아남아 그 후예들은 현재 미국, 영국, 호주, 파라과이, 캐나다 등에서 메노나이트, 아나뱁티스트, 아미쉬, 요벨(브루더호프) 등으로 불리며 공동체생활을 한다. 이들은 소박하고 단순한 생활을 하므로 조상들이 물려준 신앙이 참된 것임을 말없이 증언한다.

이밖에도 중국에 공산정권이 들어서던 무렵에 '예수가정'이라고 불리는 신앙공동체가 산동성에만 약 70개 부락을 이루고, 다른 성에서도 상당수가 코이노니아를 이루며 산다고 확인되어 세계를 놀라게 했다. 이 예수가정은 한 지도자가 3정보나 되는 자신의 토지를 희사하자 다른 사람들도 토지를 희사해 20정보의 토지를 가지고 한 세대 당 6백 평씩 나누어 농사를 짓는다.

예수가정은 이러한 경제기반을 바탕으로 짜임새 있는 구조 하에 지역사회에서 모범이 되고, 자녀교육도 매우 훌륭하게 이뤄지며, 계급이 없는 참된 공동체를 이루며 산다. 로마제국의 박해 가운데도 코이노니아를 나누던 초대 교인들처럼 이들은 공산 치하에서도 아름다운 코이노니아를 이루며 살고 있다(『중국의 예수가정』이라는 책이 있다).

6. 코이노니아는 교회를 교회답게 한다

초대 교회에서 시작된 코이노니아가 교회사에 어떻게 나타났는지를 간략하게 살펴보았다. 이천 년 교회사에서 성경과 성령은 이기심과 욕망을 버리고 코이노니아를 하라고 요청했지만 대다수는 코이노니아를 버렸다. 코이노니아를 버린 이들은 오히려 코이노니아를 따르는 소수를 핍박했다.

지금 한국 교회에서도 교회사에서 나타난 정죄가 만연하다. 서로를 인정하지 않음으로 코이노니아를 거부한다. 가톨릭과 개신교가, 교파와 교파가, 교단과 교단이, 교회와 교회가, 교인과 교인이 '내 신앙이 옳고 너는 틀렸다'라고 비난하고 조롱하며 정죄하는 못된 습속으로 인해 사회로부터 '믿는다는 자기들끼리 싸운다'는 모욕을 듣는다.

신앙은 신비다. 창조도, 성육신도, 부활도, 성령님의 내주도 과학으로 규명하지 못하는 신비다. 사람이라는 협소한 세계가 신비인 하나님의 세계를 어떻게 다 알겠는가. 역사 속에서 하나님을 만난 모든 사람의 신앙지식과 경험을 모두 하나로 모은다 해도 다 알지 못할 정도로 하나님은 크신 분인데도 자신의 몸에 갇혀 백 년도 살지 못하는 인생이 다른 사람이 만난 하나님을 재단하고 정죄하는 자체가 무지를 드러내는 행위가 아니냐.

다만 우리는 신앙 선배들이 남겨 준 사도신경에 근거해 사도신경을 모두 인정하면 형제로 받아들이고 인정하지 않으면 받아들이지 않으면 된다. 그렇게 사용하라고 선배들이 사도신경을 만들어 주었다. 사도신경에 나오지 않는 내용은 자신의 믿음에 따라 전천년설, 후천년설, 무천년설 가운데 하나를 선택하면 되듯이 스스로 선택하면 된다. 누군가가 이런 신앙 내용 가운데 내가 경험하지 못한 내용을 말하고 행하면 정죄하지 말고 성령님의 도움을 구하며 성경을 찾아보고, 교회사에서 같은 예를 찾아보고, 주위의 여러 신앙인에게도 물어보아야 한다. 만일 그것을 자신이 배운 신학과 자신의 경험과 자신이 소속된 교파와 교단과 교회의 습관과 전통으로만 판단하면 큰 오류를 범할 여지가 많다는 사실을 유념해야 한다.

하루는 제자 요한이 예수께 말하였다. "선생님, 어떤 사람이 선생님의 이름으로 귀신을 쫓아내는 것을 보았습니다. 그러나 우리와 함께 다니는 사람이 아니므로 못하게 막았습니다." 예수께서 이렇게 대답하셨다. "막지 마시오. 내 이름으로 이적을 행하면서 나를 반대하지는 않을 것이오. 누구든지 우리를 반대하지 않는 사람은 우리를 지지하는 사람이오"(막 9:38-39).

제자들이 협소한 의식을 보일 때 예수님은 넓은 자리를 마련하셨다. 그런데도 이 시대의 어떤 사람들은 예수님을 밀어내고 자신이 선생이 되어 한사코 막으려고 한다. 우리는 왈도파와 재세례파 등을 이단이라고 몰아 해친 신앙 선배들의 미성숙을 타산지석으로 삼아 내 협소한 신앙 지식과 경험에 근거해 스스로 이단판별사가 되어 남의 신앙을 재단하여 비난함으로 하나님의 심판을 부르는 행위를 삼가야 한다. 우리에게는 형제들을 비판하거나 업신여길 권리가 없습니다. 우리는 누구나 하나같이 하나님의 심판대 앞에 설 것입니다(롬 14:10). 우리는 '무슨 무익한 말을 하든지 심판 날에 이에 대해 심문을 받고 그 말에 따라 의롭다 아니면 정죄를 받아야 할 사람일 뿐'이라는 사실을 깊이 인식해야 한다(마 12:36-37).

예수님께서 죽기 전날에 기도한 내용을 다시 보자.

"아버지여, 아버지께서는 내 안에, 내가 아버지 안에 있는 것같이 그들도 다 하나가 되어 우리 안에 있게 하시어 세상으로 아버지께서 나를 보내신 것을 믿게 하옵소서"(요 17:21).

예수님이 하나님께서 보내신 구세주라는 사실을 세상 사람들이 알려면 먼저 '믿는 우리가 하나가 되어야 하고', '하나가 되면 우리가 세 분 하나님 안에 있게 돼 비로소 세상 사람들도 예수님이 구세주이심을 믿게 된다'는 뜻이다. 한국 교회가 열심히 전도하지만 우리가 하나가 되어야 세상 사람들도 우리를 인정하고 예수님도 인정하게 된다. 한국 교회 안에서 교파와 교단이 서로 연합하려고 하고, 어떤 교단들은 하나로 통합하기도 했지만 조직을 하나로 만들려면 많은 어려움이 따른다. 대 신부님은 '교파와 교단이 다르더라도 예수님 안에서 서로를 인정하면 된다'고 하신다. 서로 인정이 하나 된 모습이다. 교파와 교단이 서로를 인정하면 각자에게 주신 하나님의 은혜가 교류되어 각 교회는 풍성한 은혜를 누리게 된다. 모든 사람이 부족하듯이 모든 교파도 각각 부족한 점이 있고, 모든 사람에게 장점이 있듯이 모든 교파도 장점이 있다. 어느 사람을 부족하다고 비난하고 헐뜯으면 비난 받는 사람이나 비난하는 사람이나 올바로 서지 못하듯이 다른 교파를 비난하면 양자 모두 올바로 서지 못한다. 우리는 비난하는 태도를 버리고 겸손히 여러 교파를 예수님의 몸이라고 인정함으로 서로의 장점을 배워야 한다. 교회에 닥친 위기도 다른 교파와 교단에게 배우고 코이노니아 하면 내 교파와 교단의 부족한 점을 알게 돼 교회의 위기를 극복할 대안을 찾을 수도 있다. 서로를 인정만 하면 엄청난 신앙경험을 가진 수많은 형제가 내 형제가 되는데 이를 왜 마다할까.

성령님의 도움을 받으면 죽기보다 싫은 사람도 형제로 받아들일 수 있다. 자신의 고집대로 하면 아무 도움도 얻지 못하고 점점 마음이 돌덩이가 되어 간다. 이런 교인은 악한 영에게 미혹돼 사탄의 종노릇하게 된다. 이런 사람의 특징은 다른 기독교인을 끊임없이 비판하고 조롱하며 정죄하는 것이다. 천사들 가운데 최고의 권위를 가졌던 미가엘도 모세의 시신을 두고 마귀와 논쟁할 때 그 마귀를 비난하거나 조롱하지 않고 '주께서 너를 꾸짖으실 것이다'라고만 말하였습니다. 그런데 이 거짓 교사들은 제대로 알지도 못하는 주제에 아무것이나 닥치는 대로 비웃고 조롱합니다…. 이런 자들은 언제나 불평만을 늘어놓을 뿐 결코 만족하는 일이 없습니다. 그들은 다만 욕망을 채우기 위해 어떤 악한 일이라도 태연하게 해 내며 큰소리를 치고 자기를 내세웁니다. 그들이 다른 사람에게 머리를 숙이는 때라곤 무엇인가 얻으려는 속셈이 있을 때뿐입니다(유 1:9-10,16).

다음은 대 신부님의 권고다.

서로 인정하고 합력하여 하나님의 의와 하나님의 뜻을 이루어 가는 것이 교회의 사명입니다. 우리는 자기 나름대로 하겠다는 태도나 자기만 옳다고 고집하면서 상대방을 배척하는 분리주의를 버려야 합니다. 이것들은 다 육에 속한 일입니다. 우리는 하나님의 존귀한 자녀임을 깨닫고 서로를 용납하고 그리스도 안에서 한 지체를 이루어 성도의 코이노니아를 실행하도록 합시다.[18]

이 장을 마무리한다. 코이노니아는 교회의 본질이다. 코이노니아가 이뤄져야 교회의 모든 활동이 살아난다. 교회가 살아난다. 모든 교파와 교단과 교회에 코이노니아가 당장 간절히 필요하다. 코이노니아를 하시는 성령님을 구하자. 성령님이 오시면 우리는 하나가 된다.

넷

사랑하면 대도代禱한다

1. 대도代禱의 가치는 하나님만 아신다

* 중보기도라는 말을 불편해 하는 분들이 있다. 이분들을 고려해 이 책에서는 '대신 기도한다'는 뜻의 '대도代禱'라고 부르겠다. 대도는 예수원에서 매일 12시에 드리는 기도시간을 부르는 말이기도 하다.

이동원 목사님이 이런 말씀을 하셨다.

저는 20대 초에 비로소 교회에 발을 들여놓기 시작했습니다. 그 당시만 해도 제일 싫은 시간이 기도 시간이었습니다. 특별히 장로님들이 기도하는 시간이었습니다. 왜 이렇게 기도가 긴지, 그런데 긴 기도 속에서도 제일 싫은 기도는 '되지도 않을 것 같은 기도'였습니다. 밤낮 철의 장막을 열어 주시고, 북한도 열어 주시고 하셨지 않습니까? '무너지나 봐라, 안 무너질 텐데!' 그런데 80년대 말에 소련이 진짜 개방되고 미국에서 목회하면서 소련에 집회를 하러 가게 되었습니다. 당시만 해도 소련에 한국 분들이 얼마 오지 않았을 때입니다. 가까스로 통역자를 한 분 의뢰해서 소련의 몇 개 도시를 다니면서 집회를 하는데 소련이 참 집회하기가 좋았습니다. 왜냐하면 공산당 전당대회 하던 장소가 많았기 때문입니다. 좋은 강단들이 너무 많았습니다. 강당에 레닌 석고상이 있었는데 그것을 발로 차서 구석으로 처박아 놓은 그곳에서 전도집회를 했습니다. 전도집회를 하다가 갑자기 한순간 제 뇌리를 강하게 스치는 장면이 있었습니다. 옛날, 그 장로님들이 고리타분하게 기도하던 생각이었습니다. 그리고 내가 지금 다름 아닌 소련에 와 있다는 사실을 기억해 낸 것입니다. 갑자기 회개가 마구 터졌습니다. 한구석에 들어가 울었습니다. "하나님 죄송합니다! 제가 너무 기도를 몰랐습니다! 선배들의 기도, 바로 그 지루하기조차 했던 기도의 응답으로 하나님이 소련을 열어 주셨습니다!"[1]

그때 예배에서 기도자들은 소련과 북한의 장막이 열리기를 자주 기도했다. 기도한 당사자와 동참한 회중이 얼마나 믿고 기도했는지는 몰라도 기도대로 소련은 무너졌다. 도저히 상상도 하지 못하는 사건이 기적처럼 일어났다. 그 뒤에 북한과는 민간교류, 이산가족상봉, 남북정상회담, 금강산관광, 개성공단 등이 이뤄졌다. 뒤돌아보면 20-30년 전에 우리가 나라와 민족을 위해 기도한 내용은 통일을 빼고는 거의 이뤄졌다. 돌아보면 놀랍지 않은가!

대도는 이뤄진다. 하나님께서는 우리의 대도를 사용하셔서 일하신다. 하나님의 소망을 우리가 대신 대도하는데 들어주시지 않을 까닭이 없다. 우리가 평화롭고 안정된 생활을 하기 위해서도 대도해야 한다. 대도는 다른 사람을 위한 기도지만 그 결과는 나에게까지 영향을 미친다. 대도는 우리 모두를 돕는 기도다.

모든 사람에게 하나님의 자비가 함께하도록 열심히 기도하고 간구해 주시오. 그리고 하나님께서 그들에게 은혜를 베푸시리라는 것을 믿고 감사를 드리시오. 왕과 높은 자리에 있는 사람들을 위해서 기도하시오. 그래야 우리가 주님을 깊이 생각하며 경건하고 평화롭게 안정된 생활을 할 수 있습니다. 이것은 하나님 보시기에 좋은 일이며 우리 구세주 하나님을 기쁘시게 해드리는 일입니다(딤후 2:1-3).

성경은 대도를 요청하지만 한국 교회는 대표기도에서 잠깐 대도하는 습관이 있다. 남북관계가 불안할 때나 위기가 있으면 구국기도회나 통일기도회라는 이름으로 큰 집회를 열고, 선교를 지원하거나 단기목표를 이루기 위해 대도하는 경우가 있지만 대도를 교회의 필수사역이라고 여기지는 않는다.

이런 흐름 가운데 몇 년 전부터 대도를 사역으로 하는 교회들이 생겨났다. 어느 목회자는 대도를 자신의 사명으로 알고 교인들과 꾸준히 한다. 지구촌

교회는 개척 초기부터 대도를 중점사역으로 하고 있어 반갑다. 다만 이런 대도의 대부분이 본 교회 교인들의 문제를 해결 받으려는 내용에 국한된 경우가 대부분이라 안타깝다. 이런 교계 분위기에서 24시간 동안 사회문제도 기도하는 '한국기도의집(KHOP)'이 설립돼 기쁘다. 이곳이 궁금해 일부러 늦은 밤에 갔더니 그 시간에도 사람들이 띄엄띄엄 앉아 강남의 교육문제를 대도하고 있어 기뻤다(이곳을 섬기는 박호종 목사님도 대 신부님에게 영향을 받고 대도와 코이노니아에 힘쓴다).

나는 1996년 9월에 예수원에 훈련생으로 들어가면서 대도를 시작했다. 그때까지 혼자 기도할 때 다른 사람을 위해 기도해야 한다는 의식은 약했다. 더구나 우리 사회나 먼 나라에서 일어난 문제를 놓고 기도해야 한다는 의식은 전혀 없었다. 예수원의 모든 게 낯선 그때 예수원 식구들은 매일 정오가 되면 일손을 놓고 예배실에 모여 대도를 드렸다. 매일 밥을 먹는 것처럼 대도는 정해진 일상이라 나도 같이 무릎을 꿇었다. 저 앞자리에는 대 신부님과 재인 할머니도 무릎을 꿇고 앉아 계셨다. 두 분은 연로한 중에도 그 자리를 지켰다. 나는 기도하는 두 분의 뒷모습을 보며 대도를 익혔다. 무릎을 꿇은 신부님의 꾸부정한 등은 대도에 삶을 바친 노병의 모습이었고, 자신의 사명에 충성을 다하는 이미지로 내게 각인되었다.

신부님은 예수원을 대도하기 위한 집으로 세우셨다. 1958년에 신부님은 한국전쟁 중에 폭격을 받아 무너진 '성미카엘신학원'을 재건해 학생들을 가르쳐 달라는 한국성공회의 초청을 받고 우리나라에 오셨다. 성공회대학교의 전신인 이 신학교는 한국성공회의 신부들을 양성하는 직영학교였다. 신부님은 원장으로서 학교를 재건하고 학생들을 모아 공동생활을 하고, 밭을 일구는 노동을 하게 하는 등 남다른 가르침을 주셨는데 그 가운데 하나가 대도다.

주일 정오에 대도하는 모습이다. 앞자리에 대 신부님이 무릎을 꿇고 계신다. 주일에는 손님들이 모두 하산하고, 가족들도 외출이나 휴식을 취하기 때문에 예수원은 수도원처럼 정적이 흐른다.

나는 성공회신학원 원장으로 재직할 당시 신학교의 학생들에게 수도자로서 그들의 삶을 바쳐 보지 않겠느냐고 무려 7년 동안 설득해 본 적이 있습니다. 그러나 어느 누구도 기도의 삶을 그렇게 중요하게 여기지를 않았습니다. 그래서 나는 내가 먼저 본을 보여야겠다고 생각해서 아내와 함께 기혼자를 위한 수도원을 시작하게 된 것입니다.[2]

신부님은 학생들에게 '사람들 앞에서 예전을 집행하거나 설교를 하는 사역보다 이들을 위해 뒤에서 기도하는 삶을 살아 보라'고 권했지만 이 권면을 따르는 사람이 나오지 않았다고 한다. 지금 신학대학원에서 대도를 사역으로 해 보라고 할 때 과연 한 사람이나 있을까 싶은데 당시는 더더욱 없었을 것이다. 신부님은 자신이 권면한 삶을 자신이 살겠다고 학교를 사임하고 1965년에 예수원을 시작하셨다. 개척자 열두 명은 지금의 십자가제단에 천막을 치고 집을 지으며 대도를 시작했고 신부님 내외가 떠나신 지금도 예수원은 매일 정오가 되면 세계 곳곳에서 벌어진 일과 사람들을 위해 대도한다.

예수원은 매일 정오 외에도 매주 월요일 저녁에 한 시간 반 동안 대도를 드린다. 정오 대도에는 미리 정해진 기도문이 있지만 월요일 기도에는 정해진 기도제목 없이 성령님께서 급하게 요청하시는 기도를 드린다. 예수전도단의 조이 도우슨 여사가 쓴 '효과적인 중보기도의 원칙'에 따라 준비를 마친 뒤에 잠잠히 기다리면 성령님께서 누군가에게 생각을 주신다. 이 사람이 떠오른 생각을 나누고 다른 사람들이 이 내용에 부언하면 성령님이 주신 기도제목으로 믿고 함께 기도한다. 이렇게 해서 두세 개 대도를 집중해서 한다.

이밖에도 예수원 식구들은 각자 개인대도를 해야 한다는 부담을 안고 산다. 개인대도도 신부님이 평생 하시므로 우리에게 남기신 유산이다. 신부님은 매일 오후 1시에 당신의 사무실에서 다이어리를 펴 놓고 개인대도를 하셨다. 오래되어 겉가죽이 낡은 다이어리에는 대도하기 위해 적어 놓은 글이 빽빽하고, 갈피 사이사이에 다닥다닥 붙여 놓은 포스트잇에도 대도제목이 적혀 있다. 신부님은 여행 중에 공항에서도 오후 1시가 되면 다이어리를 펴 놓고 대도하셨다. 심지어는 심장에 문제가 생겨 중환자실에 입원해 산소호흡기를 달고 링거를 맞으면서도 그 시간이 되면 침대를 세워 달라고 하고 대도하셨다. 주지할 사실은 이렇게 생명을 쏟아내며 드린 기도가 나와 내 가족과 내 교회를 위한 게 아니라 다른 사람과 다른 교회와 우리 사회와 세계의 여러 문제를 기도하셨다는 점이다.

교회나 단체를 책임지거나 가르치는 사역은 그 가치를 재 볼 수 있다. 그래서 우리는 교회나 단체를 이끈 사람의 삶을 평가하거나 가치를 매겨 본다. 그런데 대도나 대도자의 삶은 평가를 하지 못한다. 그가 드린 대도를 하나님께서 어떻게 사용하셔서 어떤 결과가 나왔고 어떤 가치를 매기셨는지는 사람이 알 수 있는 영역이 아니기 때문이다. 대도자의 삶은 오직 하나님께서만이 그 가치를 달아 보실 수 있다. 대도의 가치와 대도자의 역할의 크기는 '측정불가'다. 하나님께서 나중에 상급을 주실 때에야 우리는 그 가치를 확인할 수 있다.

2. 모든 그리스도인은 대도자다

대도는 특정인이 해야 한다는 인식이 있다. 대천덕 신부님이나 리즈 하월즈, 존 하이드, 프랭크 루박 같이 하나님에 의해 세워진 소수의 사람이 대도를 해야 한다는 인식이다. 하나님께서 구별해 기도자로 세운 사람들은 물론 해야 하지만 그리스도인이면 누구나 대도를 해야 한다. 그리스도인은 곧 기도로 부름 받은 사람이기 때문이다.

대 신부님은 이렇게 말하신다.

기도에 관한 가장 중요한 사실은 기도야말로 그리스도인들이 할 수 있는 가장 중요한 노동이라는 점입니다. 때때로 우리는 '기도 없이도 하나님의 일을 할 수 있다'고 생각하지만 이것은 잘못된 생각입니다. 기도가 곧 하나님의 일이기 때문이지요. 우리가 무슨 일을 하고 있든지 기도하지 않는다면, 그것은 곧 하나님의 일을 하고 있지 않다는 것을 의미합니다. 왜 일까요? 기도 없이 할 수 있는 모든 일은 결국 혈과 육에 대한 싸움에 지나지 않기 때문입니다. 그것은 우리가 싸워야 할 진짜 대상이 아닙니다. 참된 씨름은 정사와 권세와 이 어두움의 세상 주관자들과 하늘에 있는 악한 영들에 대한 것입니다(엡 6). … 그리스도인은 상호간에나 혹은 정부와 씨름을 하도록 부름 받은 것이 아니라 교

회나 정부의 부패 뒤에 숨어서 역사하는 보이지 않는 권세들과 싸우도록 부름 받았습니다.[3]

　교회와 정부를 부패하게 하는 세력은 눈에 보이지 않는 영체다. 우리는 박근혜 전 대통령을 사로잡아 조종했던 최태민과 최순실이라는 실체를 목격했다. 악한 영에게 사로잡힌 두 사람에 의해 한 나라가 얼마나 무능해지고 참담해지는지를 생생하게 경험했다. 하나님께서는 우리 그리스도인에게 사회에 관한 모든 책임을 맡기셨기 때문에 이 사태에 대해 우리가 책임을 져야 한다. '박근혜·최순실 사태'는 첫째, 교회가 정부를 위해 대도하지 않아 생긴 문제다.

2000년 6월에 예수원목장의 '삼수점三水帖'에서 예수원 가족이 대 신부님 부부와 함께 악기를 울리며 대도하고 있다. 대 신부님은 이곳이 한강, 낙동강, 오십천의 발원지이듯이 이곳에 수련원을 세우고 사람들을 교육해 전 세계로 예수원의 영성이 흘러가기를 바라셨다. 이 뜻에 따라 예수원 가족은 아무것도 없는 맨땅에서 대도를 시작했다. 왼쪽 첫 번째, 손을 든 사람이 필자다.

우리가 교회와 정부를 위해 기도해야 한다는 사실을 깨닫지 못하거나 깨달았다 해도 기도하지 않게 되는 까닭은 기도가 영의 싸움이기 때문이다.

사탄은 늘 중보기도의 중요성을 깨닫지 못하도록 만들고자 하는 것입니다. 그는 교회가 늘 바쁘게 움직여지도록 만들어 영적전투에 참여하지 못하도록 만드는 것입니다. 사탄은 영적전투를 가장 두려워합니다. 그는 영적전투에서 자신이 이길 수 없다는 것을 잘 압니다. 그래서 그는 우리 그리스도인들이 아예 그 싸움에 참여하지 못하도록 일에 쫓겨 다니도록 만드는 것입니다. 에베소서 6장을 읽어 보십시오. 바울은 우리의 싸움이 보고, 만지고, 들을 수 없는 영적인 세계에 대한 것이라고 말합니다. 이와 같은 전투를 어떻게 하시겠습니까?

삼수점에서 대도를 마치고 기념사진을 찍었다. 예수원은 신부님의 아들인 벤 토레이 신부님을 책임자로 세우고 북한으로도 진리가 흘러가기 바라는 '네 번째 강 프로젝트'를 진행 중이다. 많은 사람이 뿌린 기도가 열매를 맺어가고 있다. 사진에서 대 신부님 왼쪽에 노란 모자 쓴 자매 옆이 필자다.

물론 하나님의 전신갑주를 입으셔야겠지요. 그럼 입은 후에는 실제로 어떤 방법으로 싸우시겠습니까? 바로 기도입니다. 계속 18, 19, 20절을 보시기 바랍니다. 이것이 바로 바울이 말하고 있는 전투입니다. 이것들은 모두 기도에 대한 언급들입니다. … 영적전투에 관한한 바울이 이곳에서 부탁하고 있는 일이란 바로 '기도'뿐입니다. 또 하나 그 기도가 우리 자신을 위한 기도가 아니라는 점을 유의하시기 바랍니다. 그 기도는 다른 사람들을 위한 기도입니다. 또 그것은 사탄에 대항하는 기도입니다. 그것은 하나님께 속한 다른 군사를 붙잡아 주는 기도이기도 합니다.[4]

우리는 기도를 대부분 내 문제를 해결하는 도구로 사용해 왔다. 그렇다 보니 이웃이나 사회의 문제를 붙잡고 전투해야 한다는 의식이 약하다. 이러한 한국 교회의 모습에 대해 어린 시절을 지나야 성숙한 사람이 되듯이 교회가 성숙으로 가는 과정이라고 여기고 싶다. 이제 달라지면 된다. 성숙한 의식을 가지고 새로운 출발을 하면 된다.

우리 교회는 이제 '이웃'이라는 사람들과 어울려 사는 '사회'라는 공간에 대해 눈떠야 한다. 우리는 사회라는 공간에서 수많이 촘촘한 관계망으로 연결돼 사는 사람들이다. 이 관계망은 정치, 경제, 문화, 교육, 예술, 언론 등등으로 연결되어 있다. 따라서 이 관계망이 부패하거나 불의하면 우리의 의식과 삶도 부패하고 불의하게 된다. 사회의 건강이 우리의 건강과 삶을 좌우한다. 그렇지만 악한 영들은 사람들의 욕망을 들쑤셔서 사회가 건강하게 작동되기를 막는다. 우리는 이 관계망이 건강하고 공평하게 작동하도록 대도로 싸워야 한다. 우리가 대도로 싸우는 사람이 된 그때 한국 교회가 성숙해졌다는 말을 들을 것이다.

'다 우리 밥이지'라는 이야기가 있다.

각국을 담당하는 마귀들이 속속 회의장으로 입장한다. 영국담당 마귀가 한국담당 마귀를 보고 반갑게 맞았다.

"그래, 한국에 부임해 보니 어떤가? 한국은 기도를 많이 하는 곳이라지? 굉장히 힘들겠는 걸?"

한국담당 마귀는 낄낄거리며 손사래를 쳤다.

"힘들기는, 전혀 힘들지 않아!"

"그래? 한국의 예수쟁이들은 새벽부터 기도한다고 들었는데 사실이 아닌가?"

"그건 사실이야."

"그런데 왜 힘들지 않나?"

"흐흐, 한국의 예수쟁이들은 자기와 자기 가족과 자기 교회만 잘되게 해 달라고 기도하거든. 자기 욕심만 차리는 기도에 무슨 힘이 있겠나. 다 우리 밥이지!"

우리가 대도하지 않으면 마귀의 조롱을 받는 밥으로 전락한다. '네 이웃을 네 몸같이 사랑하라'는 말씀을 따르려면 대도하지 않을 도리가 없고, 이 땅에 하나님의 나라와 정의가 이루어지게 하려면 대도하지 않을 도리가 없다. 우리 그리스도인은 예배를 당연히 여기듯이 대도도 당연한 생활로 여겨야 한다. 모든 그리스도인이 대도하면 우리나라는 얼마나 넉넉하고 평화로운 나라가 될까! 전 세계의 모든 그리스도인이 세계를 품고 대도한다면 이 지구촌의 많은 문제가 해결되지 않을까?

나는 전 세계의 그리스도인이 대도하는 날을 꿈꾼다. 그리스도인은 대도하는 사람이라는 인식을 갖고 무릎 꿇는 날을 꿈꾼다. '모든 그리스도인은 대도자다.'

성경에 나오는 사람들은 간절히 대도한 사람들이다. 아브라함은 성경에서 처음으로 대도한 사람이다. 하나님께서 죄악이 가득한 소돔과 고모라를 심판하시려고 할 때 아브라함은 자신이 당사자가 아닌데도 그들을 대신해 끈질기게 기도해 그 도시에 의인 열 명만 있으면 심판을 거두겠다는 약속을 받아낸다(창 18장).

한 가지 상상을 해 보자. 만일 특수카메라가 있어서 그 카메라로 우리 기도가 어떻게 현실로 나타나는지를 볼 수 있다면 좋겠다는 생각을 해 본 적이 있는가? 감사하게도 모세의 대도에서 이런 장면이 나온다.

그때에 아말렉 사람들이 몰려와서 르비딤에 있는 이스라엘 사람을 공격하였다. 모세가 여호수아에게 말하였다. "장정들을 뽑아서 아말렉과 싸우러 나가시오. 내일 내가 하나님의 지팡이를 손에 들고 산꼭대기에 서 있겠소." 여호수아는 모세가 그에게 말한 대로 아말렉과 싸우러 나가고, 모세와 아론과 훌은 언덕 위로 올라갔다. 모세가 그의 팔을 들면 이스라엘이 더욱 우세하고, 그가 팔을 내리면 아말렉이 더욱 우세하였다. 모세가 피곤하여 팔을 들고 있을 수 없게 되니, 아론과 훌이 돌을 가져와서 모세를 앉게 하고, 그들이 각각 그 양쪽에 서서 그의 팔을 붙들어 올렸다. 해가 질 때까지 그가 팔을 내리지 않았다. 이렇게 해서 여호수아는 아말렉과 그 백성을 칼로 무찔렀다(출 17:8-13).

'팔을 들었다'는 말은 기도했다는 말이다(전쟁 중인 상황에서 괜히 왜 팔을 들고 있겠나). 모세가 팔을 들면 이스라엘이 우세하고 팔을 내리면 아말렉이 우세하다. 모세는 단지 기도하고 있을 뿐인데 저 아래에서 벌어진 전쟁의 양상이 모세의 기도에 따라 달라진다. 현실이 영의 세계의 지배를 받고 있음을 보여 준다. 현실을 사는 우리는 눈에 보이지 않는 영의 세계를 자꾸 잊고 현실이 전부인 듯이 감각하지만 실상은 보이는 세계는 보이지 않는 세계로부터 나타났다. 믿음으로 모든 세계가 하나님의 말씀으로 지어진 줄을 우리가 아니 보이는 것은 나타난 것으로 된 것이 아닙니다(히 11:2). 현실을 바꾸려면 무엇보다도 먼저 기도해야 한다. 기도로 싸워 이겨야 현실이 바뀐다.

가끔 내게 이런 생각이 들었다. '그동안 대도를 해왔는데 내 대도가 어떻게 사용되는 걸까? 모세의 대도가 아말렉과의 전투에서 승리를 가져오는 장면처럼 내 대도도 어떻게 사용되는지 알게 되면 대도에 더 힘을 낼 수 있을 텐데' 하는 생각이다. 그러다가 얼마 전 기도 중에 환상을 보았다. 내가 드린 대도가 폭탄이 되어 마귀가 점령한 곳으로 날아가 그곳을 박살내는 장면이었다. 영화에서 보는 전투장면과 똑같았다. 그 뒤부터 대도할 때면 그 장면이 가끔 떠오르고 그러면 힘이 난다. 우리의 대도는 폭탄이 되어 정치, 경제, 언론, 교육, 문화예술 등의 영역으로 날아가 마귀를 박살낸다!

모세는 지친다. 기도는 노동이다. 특히 치열한 영의전쟁을 치러야 할 때는 엄청난 에너지를 쏟아야 한다. 그래서 대도는 함께해야 한다. 아론과 훌이 모세의 팔을 받쳐 주며 영의전쟁에 참전한다. 내 팔을 양쪽에서 받쳐 주면 오래 버틸 수 있듯이 함께 기도하면 시너지가 일어난다. 세 사람의 대도는 해가 질 때까지 계속되었고 결국 이스라엘이 승리를 거둔다.

만일 모세가 기도하지 않고 걱정만 하고 있었다면 어떻게 됐을까?

만일 아론과 훌이 지친 모세를 보고만 있었다면 어떻게 됐을까?

이스라엘이 시내산에서 금송아지를 만들어 섬겼다. 하나님께서는 이스라엘을 멸망시키겠다고 하실 정도로 대노하셨다. 그러자 모세가 대도한다.

"어찌하여 이집트 사람이 '그들의 주가 자기 백성에게 재앙을 내리려고, 그들을 이끌어 내어, 산에서 죽게 하고, 땅 위에서 완전히 없애 버렸구나' 하고 말하게 하려 하십니까? 제발, 진노를 거두시고 뜻을 돌이키시어 주님의 백성에게서 이 재앙을 거두어 주십시오"(출 32:12).

하나님께서는 모세의 대도를 들어주셨다. 하나님께서는 뜻을 돌이키시고 백성에게 내리겠다던 재앙을 거두셨다(출 32:14). 모세의 대도가 민족 전체를 살렸다.

가나안을 정탐하고 돌아온 정탐꾼들의 보고를 들은 이스라엘은 죽게 되었다고 원망한다. 정탐꾼으로 다녀온 여호수아와 갈렙은 백성을 말리지만 백성은 두 사람을 돌로 치려고 한다. 이때도 하나님께서 크게 분노하셨다. 가나안을 준다고 약속했고, 이제까지 수많은 기적을 보여 주었건만 또 믿지 못하는 불신에 폭발하셨다. 그러자 모세가 재빨리 대도한다.

"이집트를 떠날 때부터 이제까지 하나님께서 이 백성을 용서하신 것처럼 이제 하나님의 그 크신 사랑으로 이 백성의 죄를 용서하여 주시기 바랍니다"(민 14:19).

그러자 하나님께서 딴 말씀 없이 돌이키신다. "너의 말대로 용서하겠다"(민 14:20). 하나님께서 하신 말씀을 자꾸 거두시는 모습이 놀랍지 않은가! 체면이나 위신을 지키기 위해서라도 꺼낸 말대로 해야 할 때가 있지만 하나님께서는 당신의 권위에 손상을 입으면서도 모세의 대도를 들어주신다. 기도는 하나님의 생각도 바꾼다.

사무엘도 대도자다. 평생 동안 신실하게 하나님을 섬겼던 사무엘은 사역을 내려놓는 고별사에서 말한다. "나는 당신들이 잘 되도록 기도할 것입니다. 내가 기도하는 일을 그친다면 그것은 내가 하나님께 죄를 짓는 것입니다. 그런 일은 없을 것입니다…"(삼상 12:23). 기도하지 않으면 죄가 된다는 믿음으로 기도하는 사람의 기도라면 그 충실함이 어떨까.

이밖에도 대언자인 이사야, 예레미야, 호세아, 하박국 등의 대도를 더 말해 무엇하랴. 이들은 모두 민족을 붙잡고 살았던 사람들이다. 하나님께서는 대도하는 한 사람을 찾으신다.

"나는 혹시라도 민족을 위하여 무너진 성벽의 틈 사이로 뛰어들어 내가 이 나라를 멸망시키지 않도록 내 앞에 막아서서 멸망의 위기에 놓인 내 백성을 구출하려고 몸부림치는 이라도 있을까 두루 찾아보았다. 그러나 나는 한 사람도 만나지 못하였다. 그래서 나는 타오르는 내 분노를 그들에게 쏟아부었다. 그들을 멸망의 언덕으로 내려보냈다. 그들이 저지른 죗값대로 그들에게 되돌려 보냈다. 나 주 여호와의 말이다"(겔 22:30-31).

하나님께서 민족의 죄악을 대신 회개하는 사람을 찾으셨으나 그런 사람은 하나도 없었다. 한 사람이다. 한 명만 있었어도 하나님께서 분노를 거두셨을지 모른다.

이 말씀에서 알게 되는 사실은, 사람들은 자신의 능력과 권력으로 세상이 돌아간다고 생각하지만 사실 하나님은 사람의 대도에 영향을 받으셔서 세상을 다스리신다는 점이다. 대도자는 하나님의 사무실 책상 건너편에 앉은 사람이다.

결국 북이스라엘과 남유다는 멸망했다.

제국 바벨론에 끌려온 다니엘은 어느 날 예레미야서를 읽다가 예루살렘이 70년 동안 황폐하리란 사실을 알고는 금식하며 잿더미에 앉아서 대도한다.

"우리 하나님이시여, 귀를 기울여 들으시고 눈을 떠서 처참한 우리의 상황과 황폐한 주의 성을 보소서. 우리가 주께 간구하는 것은 우리가 옳은 일을 행해서가 아니라 주는 자비로우신 분이시기 때문입니다. 주여, 우리의 기도를 들으소서. 주여, 우리를 용서하소서. 주여, 우리의 기도를 들어주시고 행하소서. 나의 하나님이시여, 주를 위해 지체하지 마소서. 이 성과 이 백성들은 주의 것입니다"(단 9:18-19).

다니엘은 하나님의 자비에 기대어 대도한다. 수치스러운 삶에서 제발 우리를 구해 달라는 간절함이 절절하다.

우리 민족도 남북으로 갈라진 지 70년이 다 돼 간다. 동족이 총을 겨두고 자식들에게 증오를 물려주며 원수로 살고 있다. 전 세계에서 유일한 분단국가라는 불명예도 이제는 익숙해져 둔감하다. 우리도 남북이 하나 되게 해 달라고 다니엘처럼 대도해야 한다.

우리가 다니엘의 대도에서 눈여겨보아야 할 점이 있다. 다니엘은 소년시절에 바벨론에 끌려왔다. 더구나 다니엘이 태어나기 전부터 남유다 심판이 선포되었기 때문에 다니엘은 남유다가 멸망해야 할 죄와 아무 상관이 없다. 그런데도 다니엘은 서른 번 정도를 '우리'라고 말하며 자신을 죄인들 속에 포함시킨다. 대도하는 사람은 죄인들을 바라보며 '저들을 용서해 달라'고 하는 사람이 아니라 그 속에 자신을 포함시키고 '우리의 죄를 용서해 달라'고 해야 한다. 나도 죄인으로서 공동책임을 져야 한다.

하나님께서는 다니엘에게 곧바로 천사 가브리엘을 보내신다. 가브리엘은 "네가 기도를 시작한 즉시 하나님이 네 기도에 응답하셨다"며 포로귀환과 성전재건 등 하나님의 약속을 전한다.

예수님은 내일 죽음을 당하는 데도 대도하셨다.

"나는 이제 세상을 떠나 아버지께로 가지만 그들은 세상에 남아 있습니다. 거룩하신 아버지, 내게 주신 아버지의 이름으로 그들을 지켜 주시고 아버지와 내가 하나인 것처럼 그들도 하나가 되게 하소서"(요 17:11).

요한복음 17장 전체는 죽음을 앞둔 예수님이 제자들을 위해 하신 대도다. 잔혹한 죽음이 기다리는 줄 알면서도 암탉이 병아리를 품듯이 제자들을 지켜 주려는 예수님의 사랑이 가득한 대도다. 대도는 사랑하니까 하게 되고 하다 보면 사랑하게 된다. 예수님은 하나님 우편에서 지금도 우리를 위해 대도하신다.

사도 바울도 자신이 전도한 교회와 사람들을 위해 간절히 대도했다. 세 개만 보자.

기도할 때마다 항상 여러분 모두를 위해 기쁜 마음으로 간구합니다(빌 1:4).

우리는 여러분을 위해 기도할 때마다 우리 주 예수 그리스도의 아버지 하나님께 항상 감사를 드립니다(골 1:3).

우리는 여러분에 대해서 항상 하나님께 감사하며 기도할 때 여러분을 기억합니다(살전 1:2).

바울이 자신과 관계하는 사람들과 교회들을 위해 대도했듯이 우리도 관계하는 모든 사람과 나를 둘러싼 사회를 위해 대도해야 한다. 바울은 자신을 위해서도 대도해 달라고 교회마다 요청한다.

내가 이 비밀을 명확하게 전하도록 기도해 주십시오(골 4:4).

주님의 말씀이 여러분 가운데서와 같이 급속히 퍼져나가 사람들이 경건하게 받아들일 수 있도록 우리를 위해 기도해 주십시오(살후 3:1).

바울도 누군가의 대도가 필요하듯이 우리는 모두 누군가의 대도가 필요하다. 나는 그를 위해 대도하고 그는 나를 위해 대도하는 코이노니아가 이뤄지면 서로를 지켜 주는 방어막을 치는 것이다. 멀리 떨어져 있어도 서로를 놓고 대도하면 하나가 되게 해 준다. 대도는 멀리 있는 사람도 하나로 묶는 끈이다.

반드시 목회자를 위해 대도해야 한다. 악한 영들은 교회를 파괴하려고 목회자를 공격한다. 목회자 한 사람이 넘어지면 많은 사람이 교회에 실망한다. 교인이 목회자를 위해 대도하지 않으면 목회자는 위태롭다. 목회자를 위해 대도하지 않는 교인은 목회자가 실족했을 때 비난할 자격도 없다. 목회자를 위해 간절히 대도하는 사람은 목회자가 실족해도 비난하지 않고 긍휼히 여기게 된다. 대도는 긍휼을 낳기 때문이다.

구약시대의 대도와 예수님의 대도와 사도의 대도는 세대를 타고 이어진다. 로마에 의해 기독교가 국교가 된 뒤 급속한 세속화가 밀려들었을 때에 일단의 사람들이 수도원을 만들어 대도했다. 수도원의 대도는 중세 유럽사회에 맑은 물을 흘려보내는 수원지 역할을 했다.

깜깜한 시대의 새벽을 깨운 마르틴 루터는 하루 두 시간 이상을 기도한 사람이다. 교황청의 압박을 받으며 싸워야 했던 루터의 힘은 기도에서 나왔다.

교회역사에서 일어난 부흥의 뒤편에 기도하는 사람들이 있었다. 한 가지만 보면, 1907년에 일어난 평양대부흥도 그렇다. 여선교사인 화이트(Mary Culler White)와 매컬리(Louise H. McCully)가 선교사들에게 각성이 있게 해 달라고 기도하기 시작했다. 이 기도모임에 선교사들이 합류하면서 원산지역의 모든 선교사들이 기도하는 모임으로 발전했다. 1903년 8월에 이들은 공개기도회를 열고 로버트 하디를 강사로 초빙했다. 이 모임에서 하디가 자신의 죄를 고백했고, 전국을 순회하며 같은 고백을 하자 사람들도 따라서 회개를 했다.[5] 원산부흥운동은 이렇게 시작됐고, 이 운동은 평양대부흥으로 이어졌다. 평양대부흥은 개인의 변화뿐만 아니라 사회개혁으로까지 이어져 조선의 개화와 발전을 가속화했다는 평가를 받는다.

우리가 흔히 부흥이라고 말하지만 '부흥'이라는 단어는 지금 우리에게 '교인 숫자를 늘리자' 는 뜻으로 이해되는 말이 되었다. 우리에게는 '나쁜 것이나 묵을 것을 없애고 새롭게 하는 쇄신刷新'이 필요하다. 양의 확장이 아니라 질의 변화에 초점을 맞춰야 한다. 나와 교회와 사회에 쇄신이 일어나야 한다. 쇄신은 나를 살리고, 교회를 살리고, 사회를 살린다. 쇄신은 대도로 시작된다. 뜻이 있는 사람 몇이라도 대도하기 시작하면 하나님께서 반드시 그 대도를 쓰신다. 우리의 쇄신을 위해 대도하자!

3. 대도는 하나님께서 일하시는 재료다

대도는 하나님께서 일하실 재료를 올려드리는 일이다. 대도가 하나님이 일하시는 재료다. 하나님께서는 우리와 같이 일하기 원하시기 때문에 우리가 대도해야 일하신다. 우리가 당신의 일에 동참하기를 원하시고 우리가 동참하는 방식은 먼저 대도하는 것이다.

그동안 나와 내가 속한 교회와 모임에서 대도한 내용을 나누고 싶다.

2013년부터 내가 섬기던 중고등부에서 매주 토요일에 학생들과 교사들이 함께 기도회를 했다. 이 기도회에서는 우선 국내와 전 세계의 문제를 놓고 기도했다. 그 뒤에 교회와 교인들, 중고등부 학생들, 기도회에 참석한 학생들을 위해 기도했다. 아래는 이 기도회에서 대도한 내용 가운데 일부다.

* 전두환 씨 추징금 환수되도록

* 가습기살균제로 죽은 127명의 가족과 환자들에게 정부지원이 있도록
* 세월호 사고 원인이 밝혀지고 사고 수습이 원만히 이뤄지도록
* 폐쇄된 개성공단이 정상화되도록
* 남북이산가족 상봉이 이뤄지도록
* 제자교회 사태가 해결되도록
* 한국일보 사태가 해결되도록
* 이집트의 교회들을 테러에서 지켜 주시도록
* 시리아내전 해결과 난민에게 식량과 물과 약품이 공급되도록
* 사랑의교회 문제가 잘 해결되도록
* 온누리교회에서 시행하려는 사회선교가 잘 되도록
* 우리나라에서 일수벌금제가 시행되도록
* 우리사회에서 비정규직이 없어지도록

등등이다. 이 모두는 언론을 통해 들은 내용이고 대도해야겠다는 마음이 들면 제목으로 내놓고 같이 대도했다.

또 신학대학원 학우들과 같이 새벽에 모여 대도했다. 당시는 박근혜정부의 국정농단이 은밀히 진행될 때였다. 나는 다만 정부의 국정운영이 너무나 부정직하고 편향되며 강압식이라 사회 분위기를 암담하게 느끼고 있었다. 이러한 사회 분위기를 대변하고 직언해야 하는 교회는 거의 말이 없었다. 나는 참담한 심정이었다. 교회에 먼저 변화가 일어나야 했다. 아래의 대도문은 그때 우리가 대도한 내용이다.

한국 교회 쇄신을 구하는 기도

자비로우신 우리의 하나님 아버지, 하나님은 주님을 사랑하고 주님의 말씀에 순종하는 자들에게 항상 주의 약속을 지키시며 한결같은 사랑을 베푸시는 분이십니다. 하지만 우리 교회는 죄를 범했습니다.

공평을 버리고 권력과 부자의 편이 된 죄

교회가 권력과 돈의 편이 되어 이들이 만들어 유지하려는 사회구조를 당연시했습니다. 죄를 지은 재벌과 권력자들이 풀려나도 순순히 받아들였습니다. 그 결과 국민은 불의한 짓을 해서라도 권력을 쥐고 돈을 벌어야 한다는 의식을 갖게 되었습니다. 또 가난하고 힘없는 사람들은 권력과 부자 밑에서 겨우 살아가는 처지가 되었습니다. 이러한 데도 우리는 권력과 부자의 편이 되어 선지자의 역할을 하지 않은 채 입을 닫았습니다. 주여, 우리를 불쌍히 여기소서.

교회가 서로를 인정하지 않는 죄

우리 교회는 교단과 교파로 나뉘면서 진리를 따르기 위해 나뉜다고 했지만 실제로는 권력과 돈을 쥐기 위한 욕망이 원인이었습니다. 우리는 이렇게 나뉜 뒤에 서로의 신앙과 전통과 경험을 인정하지 않는 태도를 가지므로 더 큰 죄악을 범했습니다. 주님은 '너희가 하나가 되면 너희가 내 제자인 줄 세상이 알겠다'라고 하셨지만 우리는 서로를 인정하지 않음으로 주님의 영광을 가렸습니다. 주여, 우리를 불쌍히 여기소서.

교회가 돈을 따르는 죄

우리는 돈을 섬깁니다. 헌금을 많이 하는 사람을 대접하고, 직분을 주고,

문제를 돈으로 해결하려고 했습니다. 하나님보다 돈을 의지했고, 돈을 따라다녔습니다. 주님께서 "너희는 하나님과 재물을 함께 섬길 수 없다"라고 하신 말씀처럼 우리는 하나님을 따른다고 하면서 실상은 돈의 종이 되었습니다. 주여, 우리를 불쌍히 여기소서.

내 이기심을 위해 사는 죄
주님께서는 우리에게 "네 이웃을 네 몸처럼 사랑하라"고 하셨지만 우리는 내 이기심을 만족시키기 위해 살았습니다. 공부도 사업도 나와 내 가족이 만족을 얻기 위해 하느라 가난하고 약한 사람들, 고통 받는 사람들을 돌아보지 않았습니다. 교회 안에서도 서로에게 무관심하여 도와줄 마음이 없이 내 이기심만 채우려고 했습니다. 주여, 우리를 불쌍히 여기소서.

하나님 아버지, 우리가 말씀을 거역해 우리는 빛을 잃어 어둠과 같이 되었고, 짠맛을 잃은 소금이 되어 길에 버려져 밟히는 수모를 당하고 있습니다. 우리는 범죄했고, 악을 행했습니다. 우리가 비록 하나님의 말씀을 거역했지만 하나님께서는 자비하셔서 용서하는 분이십니다. 우리가 하나님께 간구하는 것은 우리가 옳은 일을 행해서가 아니라 하나님께서는 자비로운 분이시기 때문입니다. 우리의 기도를 들으시고 우리를 용서하소서. 하나님을 위해 지체하지 마소서. 온 세계와 백성은 하나님의 것이옵니다. 우리에게 새롭게 하시는 성령님을 보내주소서. 예수님의 이름으로 기도드립니다. 아멘.

이 당시에 가난한 사람들과 약자들이 너무나 힘겹게 살아가는데도 정치 권력과 경제권력은 오히려 솔로몬의 아들 르호보암처럼 백성에게 무거운 짐을 자꾸 지웠다. 그런데도 대부분의 교회는 나병에 걸린 듯 무감각한 태도로 수수방관했다. 우리는 이러한 교회가 쇄신되기를 간절히 대도했다.

지금 우리가 기도할 제목은 바로 위의 네 가지다. 우리는 네 가지에 사로잡혔다. 마음은 점점 돌덩이가 되어간다. 회개를 해야 하는데 하나님과 너무 멀어져서 진정한 회개도 되지 않는다. 성령님이 오셔야 비로소 우리는 죄의 심각성을 깨닫게 되고 진정한 회개도 터질 것이다.

교회를 개척한 뒤에도 우리는 주일 오후예배를 온전히 대도에 받쳤다(현재는 사정이 생겨 교회를 닫았다. 지금 다시 열려고 준비한다). 그때 교인들이 열심히 대도에 동참해 줘 지금도 고마운 마음이다. 이때 우리가 대도한 내용을 몇 개 소개한다.

> 박근혜 대통령, 박원순 서울시장, 남경필 경기도지사, 최문순 강원도지사, 이시종 충청북도지사, 안희정 충청남도지사, 송하진 전라북도지사, 이낙연 전라남도지사, 김관용 경상북도지사, 홍준표 경상남도지사, 원희룡 제주특별자치도지사가 하나님의 진리를 깨닫고 국민을 낮은 자세로 섬기게 하소서.
>
> 각 나라의 대통령, 장차관, 공무원, 국회의원, 법관, 경찰, 검찰 그리고 그 밖의 공직자들이 공의로운 통치자이신 하나님의 법을 깨달아 공평한 법을 바탕으로 국민을 올바로 섬기게 하소서.
>
> 우리나라에서도 동성애가 확산되고 있습니다. 이들이 시도하는 차별금지법 제정을 막아 주시고, 이들이 동성애를 버리게 해 주시며, 이들보다 더 소수인 탈동성애자들의 인권을 보호해 주시고, 동성애의 실체를 알리기 위해 일하는 기독단체들의 사역이 열매 맺게 하소서.
>
> 영화, 드라마, 게임, 만화 등에 성을 자극하고 잔인한 폭력이 그려진 작품

이 많습니다. 이러한 장면이 사람들의 뇌리에 심겨져 나쁜 생각을 일으키고 행동이 일어나게 합니다. 문화와 예술을 만드는 사람들이 진리를 깨닫고 사람에게 이로운 작품을 만들게 하소서.

개성공단에서 사업하던 사람들이 큰 어려움을 맞았습니다. 자산과 만들던 제품을 놓고 나왔고, 완제품을 만들어 납품해야 하는 계약도 지켜야 합니다. 정부가 이들에게 합당한 보상을 하게 해 주시고, 납품도 할 수 있게 인력과 공장을 주소서.

세월호에 아직도 미수습자 아홉 명이 있습니다. 이번 여름 전에 배를 인양해야 태풍을 피할 수 있습니다. 날씨를 붙잡으셔서 그곳의 바다를 잔잔하게 해 주소서. 아울러 아홉 명 모두 온전하게 수습되게 해 주시고, 작업자들의 안전을 지켜 주시며, 특조위 활동이 연장되게 하소서.

조선업계가 수주를 하지 못하면서 구조조정을 할 처지가 되었습니다. 노동자를 줄이겠다고 하는데 협력업체에서 실직한 어떤 노동자는 자살을 했고 강도질을 하다 잡힌 사람도 있습니다. 정부와 기업이 노동자들이 받아들일 만한 충분한 대책을 내놓게 해 주시고, 조선업을 다시 일으켜 주소서.

해외에서 사역하는 선교사들이 하나가 되라는 예수님의 말씀을 깨달아 서로를 인정하여 협력하게 해 주시고, 성과를 내려고 무리하지 않게 하시며, 현지인의 문화를 존중하게 해 주시고, 자신이 꼭 해야 할 일만 하고, 다른 일은 다른 선교사에게 양보하게 하소서.

IS가 청소년과 청년을 유인해 대원으로 만듭니다. 이들에게 유인된 이들을 구출해 주시고, 유인되지 않게 막아 주시며, IS의 살상을 막아 주소서.

이런 대도를 매주일 오후에 50여 개를 드렸다. 국내는 물론이고 전 세계를 품고 대도했다. 이밖에도 '구하는사람들'이라는 단체를 세워서 회원들에게 월-토 새벽에 위와 같은 대도문을 문자로 보내 주는 사역을 했다. 회원들이 문자로 받은 대도문을 언제 어디서든 읽으면 대도가 되었다.

이렇게 여러 채널로 대도한 내용을 돌아보면 많은 대도가 이뤄졌고, 많은 대도가 아직 이뤄지지 않았다. 기도한 사람은 믿을 권리가 있다. 하나님께서 우리의 대도를 사용하셨음을 믿는다. 모든 세계의 영역은 하나님의 통치를 받아야 한다. 하나님의 진리를 원리로 해서 정치, 경제, 언론, 종교, 교육, 예술 등이 움직이게 하려면 우리가 대도해야 한다. 우리는 이러한 사명으로 부름 받았다. 다시 말하지만, 모든 그리스도인은 대도자다.

한편, 2018년 올해에는 다음 제목을 대도거리로 정하여 하고 있다.

1. 교회가 쇄신되도록
2. 사회의 여러 부문에 개혁이 이뤄져 쇄신되도록
3. 평창동계올림픽을 통해 세계인이 화합을 다지고, 남북 간의 대화와 평화가 열리도록
4. 한반도의 평화를 지켜 주시도록
5. 6·13지방선거에서 상식과 합리와 전문성과 지혜가 있는 사람들이 당선되도록
6. 개헌할 내용에 공평과 정의와 자비의 정신이 시대에 맞게 담기도록
7. 미세먼지를 해결해 주시도록
8. 차별금지법 제정과 동성애를 막아 주소서.
9. 이집트 콥트 교회를 비롯한 세계의 교회를 핍박과 테러에서 지켜 주시

도록
10. 과격파 무슬림의 무차별한 테러를 막아 주시도록
11. 이슬람을 구원해 주시도록
12. 로힝야족과 미얀마인이 서로를 용서하고 로힝야족이 고향에 돌아와
평화롭게 살도록

이밖에도 대도하는 내용이 있고 때마다 대도거리가 밀려오지만 이 열두 가지를 힘써서 하고 있다.

여러분에게 대도모임을 만들어 하시기를 권한다. 평소에는 혼자 대도하다가 한 주에 한 번 정도 모여 함께 대도하는 것이다. 단, 적어도 인도자만은 영의전쟁을 감당할 만한 준비가 된 사람이어야 한다. 대도는 전쟁에 참전하는 일임을 명심하라. 이러한 준비가 되지 않은 사람은 여러 명이 모여 찬양하고, 성경을 읽고 나누고, 서로를 위해 대도해 주는 정도로 하면서 힘을 길러야 한다. 대도를 원하는 사람들은 조이 도우슨 여사의 '효과적인 중보기도의 원칙'에 따라 하길 바란다(포털에 치면 뜬다). 이 원칙을 따라하면 따로 준비할 게 없다. 또는 미리 대도문을 만들어 읽으며 해도 좋다. 대도하면 마귀가 이 모임을 깨기 위해 움직인다. 따라서 대도하는 사람들은 서로 간에 코이노니아를 실행하여 더욱 하나가 되어야 한다. 대도를 하면서 자신과 모임에 참석하는 사람들의 변화를 주의 깊게 관찰하고 적절한 대응도 해야 한다. 아무튼 대도하면 놀라운 하나님의 은혜를 경험하게 된다.

'상석에 앉을 사람'이라는 이야기가 있다.

예수님께서 다시 오셨다. 부활한 성도들이 영원히 살게 될 새 하늘과 새 땅도 공중에서 내려왔다. 성도들은 보좌에 앉으신 예수님을 만나기 위해 한

줄로 서서 앞으로 나갔다. 목사였던 사람이 앞으로 나가자 예수님께서 그의 손을 잡고 말씀하셨다.

"내 형제여, 그대는 내가 맡긴 목회를 진실하고 성실하게 했으니 어서 내 잔치에 참여하시오."

그 사람은 매우 기뻐하며 잔칫상에 앉았다. 선교사였던 사람이 앞으로 나가자 예수님께서 그 사람의 손을 잡고 말씀하셨다.

"내 자매여, 그대는 타국에서 가난한 사람들에게 좋은 소식을 전하며 일생을 마쳤으니 어서 내 잔치에 참여하시오."

그 사람도 매우 기뻐하며 잔칫상에 앉았다. 장로였던 사람이 앞으로 나가자 예수님께서 그 사람의 손을 잡고 말씀하셨다.

"내 형제여, 그대는 열심히 일해서 가난한 사람들을 도왔으니 어서 내 잔치에 참여하시오."

그 사람도 매우 기뻐하며 잔칫상에 앉았다. 그다음은 행색이 초라한 사람 차례였다. 그런데 그 사람을 본 예수님께서 벌떡 일어나 그 사람을 끌어안으셨다. 그러자 사람들이 말했다.

"어 저 사람이 누군데 예수님께서 저렇게 반기시지?"

"목사는 아닌 것 같은데….."

"유명한 선교산가… 누구지?"

사람들이 서로를 보며 궁금해 하는데 예수님께서 말씀하셨다.

"내 형제여! 그대는 보잘것없는 사람이라는 천대를 받으면서도 내가 맡긴 대도를 열심히 했소. 형제가 골방에서 저 목사와 저 선교사와 저 장로를 위해 기도했기 때문에 오늘의 저들이 있는 것이오. 수고 많았소!"

그리고서 예수님께서 천사들에게 말씀하셨다.

"이 형제가 큰 수고를 했으니 내 잔치의 상석에 앉게 하라!"

하나님과 이웃을 사랑하는 마음으로 대도하면 가장 좋지만 나중에 상을 받을 마음으로 해도 좋다. 시간을 정해서 하면 가장 좋지만 일상에서 신문을 보다가 뉴스를 듣다가 '저런!'하는 마음이 드는 소식을 접하면 그때 잠시 해도 좋다. 세상은 하나님께서 일하시는 일터이므로 세상사를 그냥 지나치지 말고 관심을 가져야 한다.

이 장을 마무리한다. 하나님께서는 당신이 창조하신 이 세계가 하나님의 나라가 되기를 기대하신다. 이 책임을 우리에게 맡기셨다. 우리가 이 책임을 다하려면 무엇보다도 먼저 대도해야 한다. 전 세계를 품은 가운데 오늘 눈에 보이고 귀에 들리는 소식을 붙잡고 대도하자. 하나님께서 내 대도를 쓰신다. 드리는 모든 기도를 들으시는 이여, 사람마다 주께로 나아갑니다(시 65:2). 우리는 대도로 싸우라고 부름 받은 사람들이다!

다섯

공평과 정의가 사회를 구원한다

1. 사회의 부정부패는 교회의 책임이다

우리 사회의 뉴스는 부정부패가 단골 메뉴다. 정치인과 공직자의 부정부패와 재벌의 대형 비리는 물론이고 이들을 수사하고 처벌해야 할 검찰과 경찰도 흔히 비리를 저지르고, 간혹은 법관까지 범죄인과 유착했다는 기사가 줄을 잇는다. 우리는 이러한 일상에 매우 익숙해서 이제는 무감각하지만 국가청렴도에서 매년 상위를 차지하는 핀란드, 스웨덴, 노르웨이, 덴마크, 독일 사람들의 눈으로 보면 우리 사회는 매주가 파란만장波瀾萬丈이다.

〈국제투명성기구〉가 2016년에 176개국을 대상으로 조사한 '부패인식지수'에서 우리나라는 100점 만점에 53점을 받아 낙제를 하여 전체에서 52위를 했다. 이는 50위를 기록한 아프리카의 르완다보다도 낮은 수준으로 우리나라가 받은 53점은 '국가가 총체적으로 부패가 심하다'는 뜻이란다. '국가에 구조적으로 부패가 만연해 뇌물, 부정부패, 청탁, 정경유착, 공직자비리, 기업비리'가 심하다고 한다. 이 '부패인식지수'는 2014년 11월부터 2016년 9월까지 수집된 자료로 집계한 결과라 '박근혜 · 최순실 사태'의 영향은 반영되지도 않았다. 〈한국투명성기구〉는 '만약 최순실 사건이 이 점수에 반영됐다면 어떤 참혹한 결과가 나왔을지 무서울 정도'라고 한다.[1] 지금까지 우리는 부정부패에 관한 수많은 뉴스를 물리도록 들었지만 '박근혜 · 최순실 사태'는 가히 우리 사회의 불의함을 바닥까지 보여 준 드라마였다.

우리나라로 말한다면 국내총생산이 전 세계에서 11위다. 더구나 교육열이 매우 높아 고등교육을 받은 사람들이 많고 특히 경제협력개발기구 회원국의 25-34세 사이에 대학(전문대 포함)을 졸업한 수치가 69퍼센트로 1위다(2위인 일본조차 60퍼센트다). 이렇듯 우리는 주머니가 넉넉하고 교육받은 사람이 많고 더구나 모든 종교 가운데 기독교인이 가장 많다. 이런데도 부정부패가 끊이지 않는다.

우리나라는 흔히 복음주의(보수라고도 부른다)라고 부르는 교회에 다니는 교인들이 절대다수다. 나도 지금까지 이 영역에 속한 교회들과 신학교들을 다녔다. 그런데 그 우리가 보여 주는 신앙과 삶의 양식은 '자신이 복 받고 잘 되면 되는데 혹시 이웃이 부정부패를 저지르면 입을 닫아야 하고, 할 수 있으면 사람을 전도해서 교회에 데려오면 된다'라고 생각하는 모습이었다. 더 나아가 어떤 사람은 부정부패를 못 본 척 눈 감으며 '좋은 게 좋은 거'라는 한국인의 독특한 의식구조를 '은혜'라고 호도하며 신앙화한다.

물론 내가 속했던 교회와 신학교에서 사람이 마땅히 지켜야 할 윤리와 도덕을 말하는 양식이야 당연히 있었지만 부정부패와 불의에 대해 그리스도인답게 단호히 대처하라거나 기꺼이 싸우라는 말은 전혀 들어보지 못했다(군사독재 시절에 기독교장로회 등의 사람들이 독재와 싸웠다. 우리 보수 그리스도인은 이 점에서 이들에게 빚을 졌다).

그 결과 교회는 최태민이라는 주술사가 국가를 망령되게 하는 씨를 뿌려도, 그의 사악함을 물려받은 최순실이 세도를 부리며 대통령을 조종하고 부정한 방법으로 딸을 대학에 입학시키고 상상도 하지 못할 돈을 긁어모아 감춰 두어도, 무엇에 취한 대통령이 300여 명의 국민이 바다에서 서서히 죽어가는 모습을 방관해도, 죽은 아이들의 부모들이 간절히 호소하는 그 옆을 대통령이 외면하며 지나가도 수수방관했다. 박 대통령이 수년 간 행한 정치행위는 상식과 합리와 인정에 비춰 봐도 도저히 납득되지 않는데도 눈 멀고 귀먼 복음주의 교회는 이를 전혀 모른 채 딴소리만 했다.

이렇듯 복음주의 교회는 지금까지 사회책임을 도외시하고 나만 잘 믿고 전도는 좀 하면 된다는 신앙을 태도화하며 가르쳐 교인들은 '개인주의(가족주의, 개교회주의)라는 함정'에 빠졌다. 내 신앙이 사회라는 공동체에서 어떻게 발현되어야 하는지를 배우지 못했고 더구나 그러면 안 되는 줄로 의식화된 교인들은 자신에게도 긴밀한 영향을 미치는 사회문제를 멀리서 구경하게 되었다. 더 나쁜 문제는 이러한 의식을 가진 교인이 자신의 일터에서 부정부패를 일삼기도 하고 타인의 부정부패에 눈감는 사람이 되었다는 사실이다. 복음주의 교회가 그동안 교육, 구제, 의료 등의 사업에서 큰 역할을 했지만 사회를 깨끗하고 바르게 만들어야 하는 점에서는 올바른 가르침을 전하지 못함으로 우리 사회에 부정부패가 만연하다. 교회가 그 책임을 져야 한다.

다음은 유기성 목사님의 말이다.

보수 정통 신앙을 가진 이들이 성경적 진리를 고수하고 경건에 힘쓰고 전도에 열심을 내는 것은 매우 귀한 일입니다. 그러나 사회정의에 대하여 무관심하거나, 기복적인 신앙에 빠지거나, 탐욕적으로 교회 성장을 추구하거나 끊임없이 분열을 일삼는 것은 마음 아픈 일이었습니다.[2]

2. 성경이 말하는 공평과 정의의 뜻

사람은 모여 살도록 창조되었다. 사람이 모일수록 이익과 권력은 커진다. 더불어 살며 이익과 권력을 공평하게 나누기 위해 사람들은 법과 제도를 만들었다. 그런데 사람이 불의한(타락한) 까닭에 돈과 권력을 가진 사람들은 자신에게 유리하게 법과 제도를 만들려 하고 나아가 법과 제도를 어겨서라도 자신의 이익을 채우려고 한다. 이러한 사람의 욕망을 너무나 잘 아시는 하나님께서는 당신이 다스리시는 국가를 만드실 때에 누구나 만족할 법과 제도를 제정해 주셨다. 하나님께서 이스라엘에 주신 법과 제도는 하나님의 세 가지 정신인 공평과 정의와 사랑이 기초이자 공평과 정의와 사랑을 성취하기 위한 구조다. 백성이 오순도순 살게 하시려는 하나님의 계획 하에 지키기만 하면 서로를 존중하는 바탕에서 소산물과 권력을 적절히 나누므로 가난한 사람과 억울한 사람이 최소화된다. 구약의 율법 가운데 제사법과 사회법 일부가 폐기되었지만 공평과 정의를 바탕으로 한 법은 현대사회에서 적용을 고민해야 하는, 현대사회에 매우 요구되는 정신이다. 교회는 성경의 주요한 주제인 공평과 정의를 지금 우리 사회에 적용해야 함을 발견해야 한다.

구약성경에 수없이 나오는 '의義, 정의正義, 공의公義'는 히브리어 '미쉬파트'와 '체다크'를 번역한 단어들이다. 대천덕 신부님과 김근주 교수님은 이 두 단어를 연구했다(대 신부님의 관심은 경제정의였고, 경제정의의 핵심은 '토지'라고 하셨다. 토지정의에 관심이 있는 분들에게는 대 신부님의 『토지와 경제정의』를 추천한다. 나는 이 장에서 정치, 경제, 사회구조 그리고 법이 공평의 기초 위에 세워져야 하고, 적용될 때에도 공평히 적용되어야 한다는 점에 집중한다. 만일 내가 토지에 관해 말해야 한다면 다른 기회를 선용하겠다). 이 장에서 두 분의 저서와 아울러 팀 켈러 목사님의 저서도 인용해 '미쉬파트'와 '체다크'의 뜻을 먼저 나타내겠다.[3]

공평公平은 사회의 기본질서다

우리말성경은 '미쉬파트'를 '의(창 18:19)', '공의(신 33:21)', '제도(삼상 8:11)', '정의(시 33:5)', '심판(시 37:6)' 등으로 번역했다. 김근주 교수님은 '미쉬파트'를 '공평公平justice'으로 번역한다. 공평이 더 정확한 번역이므로 이 장에서도 공평이라고 하겠다.

먼저 '미쉬파트'의 뜻을 세 가지로 정리한다.

첫째, '공평하게 적용하라'는 뜻이 있다. 하나님께서 모세에게 법을 주시면서 말씀하신다.

거류민에게든지 본토인에게든지 그 법을 '동일하게(공평하게)' 할 것은 나는 너희의 하나님 여호와다(레 24:22).

여기서 '동일하게'가 '미쉬파트'다. 이스라엘 사람이라고 봐주지 말고 이방인이라고 더 하지 말고 법에 따라 유무죄를 가려 벌을 주어야 한다는 말씀이다. 공평하게 재판하라는 말은 구약성경에 자주 나오는 말씀이다.

"너희는 재판할 때에 불의를 행하지 말며 가난한 자의 편을 들지 말며 세력 있는 자라고 두둔하지 말고 '공평하게' 사람을 재판할지며"(레 19:15).

지금 우리 사회에 꼭 필요한 말씀이다. 지금까지 여러 재벌회장이 범죄를 저질러 기소됐고, 어떤 회장들은 옥살이도 했지만 경제를 살려야 한다고 형량을 줄여 주거나 특사로 풀려나 지금껏 형기를 마친 재벌은 한 명도 없다. 검경과 사법부 그리고 역대 대통령들의 이러한 행태는 국민에게 '돈과 권력이 있으면 법을 지키지 않아도 된다. 수단과 방법을 가리지 말고 돈을 벌라'는 잘못된 가르침을 국민에게 심어 주었다. 권력자들의 통치행위와 사법부의 법 적용은 국민에게 그대로 교육되고, 교육을 받은 국민은 곧바로 현실에서 따라한다. 더욱이 공평을 가리는 최후의 보루인 재판관이 유력자라고 봐주면 돈과 권력이 없는 사람은 돈과 권력을 쥔 사람들의 억압 아래에서 살아야 한다. 수사도 재판도 공평하게 해야 한다.

둘째, '한 사람 한 사람마다에게 고유한 권리에 따라 주어야 한다'는 뜻이 있다. 신명기 18장 1절에서 모세는 하나님께 받은 율법을 백성에게 전달하는데, 여기에는 수입에서 일정 비율을 떼어 제사장들에게 주라는 말이 있다.

"레위 사람 제사장과 모든 레위 지파 사람은 이스라엘 가운데서 몫이나 유산으로 받은 땅이 없으므로 주님께 불살라 바친 제물과 주님께 바친 예물을 유산으로 받아먹고 살 것이오."

이렇게 월급으로 떼어 놓는 '몫'이 '미쉬파트'를 번역한 것이고 이를 성경은 '제사장의 미쉬파트'라고 한다.

"불의로 그 집을 세우며 부정하게 그 다락방을 지으며 자기의 이웃을 고용하고 그의 품삯을 주지 아니하는 자에게 화가 있으라"(렘 22:13).

여기서 '미쉬파트'가 '품삯'으로 번역되었다. 우리 사회에서 고용주가 일꾼에게 월급을 적게 주려고 비정규직이라는 제도를 만들었다. 경영이 어렵다면 고용주와 노동자가 함께 마음을 모아야 하는데 경영자들이 노동자의 월급을 깎는 방식을 쉽게 결정한다. 노동자의 월급을 깎으면 그는 어떻게 살라는 말이며 월급이 깎인 노동자에게서 무슨 근로의욕이 나겠는가. 더구나 이러한 방식은 품꾼에게 정당한 몫을 주기를 바라시는 하나님의 복을 받지 못하게 한다. 경제가 성장하려면 하나님의 원칙을 따라야 한다.

셋째, 도량형을 올바로 사용하라는 뜻이 있다.

"너희는 재판할 때 '공평하게' 하라. 물건을 사고팔 때도 서로 속이지 말며 '공평한' 도량형기를 사용해야 한다. 나는 너희를 이집트에서 인도해 낸 너희 하나님 여호와다"(레 19:35-36).

주유소, 금은방, 정육점 등의 업자에게 도량형기를 올바로 사용하라는 말씀이다. 상거래에서의 올바른 질서를 촉구하는 이 말씀은 현대사회에서 널리 적용되어야 한다. 상거래를 하면서 상대를 불신하게 되는 사례는 얼마든지 있지 않은가. 공평을 지키면 시간과 에너지와 재정을 낭비하지 않아도 된다.

정리하면 '미쉬파트'는 다음과 같다.

첫째, 재판을 공평하게 하라.
둘째, 그 사람에게 그 몫이 상이든 벌이든 제대로 주라.
셋째, 도량형을 올바로 사용하라.

정의正義는 올바른 관계다

성경에서 대부분이 '의'라고 번역된 히브리어 '체다크'는 '올바른 관계를 유지하라고 요청할 때' 쓰는 단어다. 김근주 교수님은 '체다크'를 '정의正義'라고 번역하는데, 이 글에서는 이 번역을 따른다.

'체다크'는 여러 가지 뜻이 있지만 두 가지로 정리한다.

첫째, '체다크'는 '하나님과 그리고 이웃과 올바른 관계를 맺었거나 맺으라고 촉구할 때' 쓰인다. 이스라엘에게 가장 중요하고도 기본인 관계는 첫째가 하나님과의 관계고, 둘째가 이웃과의 관계다. 이는 이스라엘 사람뿐만 아니라 하나님사랑과 이웃사랑을 실천해야 하는 우리에게도 마찬가지다.

아브람이 주님을 믿으니, 주님께서는 아브람의 그런 믿음을 '(정)의'로 여기셨다(창 15:6).

우리말성경은 '의'라고 번역했는데 이 단어가 '체다크'다. 하나님께서는 아브라함이 믿음을 보이자 그 행위를 자신과 '체다크'(올바로 관계)를 했다고 여기셨다. 아브라함은 하나님과 올바로 관계한 사람이다.

"그러므로 우리 하나님 여호와께서 우리에게 명령하신 이 모든 계명을 우리가 그대로 지켜 행하면 그것이 우리의 의로움(체다크)이 될 것이오"(신 6:25).

모세의 설교다. 하나님의 법을 지키면 하나님과 올바로 관계하는 사람이므로 의롭다.

정직하게 행하며 '공의(체다크)'를 실천하며 진실을 말하고 혀로 남을 허물하지 않으며 그의 이웃에게 악을 행하지 않으며 그의 이웃을 비방하지 않으며 (시 15:2-3).

'체다크'는 이웃과도 올바로 관계하는 사람이다. 하나님과 올바로 관계한다면 당연히 이웃과도 올바로 관계하게 되어 있다. 반대로 우리가 하나님과 올바로 관계하지 못한다면 이웃과도 올바로 관계하지 못하게 된다.

우리 사회에 이른바 '갑질'이 만연하다. 갑을관계는 협력하고 상생해야 하는 관계인데도 주종관계처럼 변질됐다. 가끔 언론에 올라 현실을 보여 주는 사회 최상층의 행태가 아래로 타고 내려와 사회 전체의 물을 흐려 놓는다. 이렇게 이웃과 불의한 관계가 만연한 모습을 보면 우리가 얼마나 하나님과 올바른 관계를 맺지 못하고 사는지도 알게 된다. 위의 말씀에서 보듯이 올바른 사람은 이웃에게 진실을 말하고, 허물을 들추지 않으며, 악도 행하지 않고, 비방하지도 않는 사람이다. 우리 사회에 이런 문화가 자리 잡아야 한다.

둘째, '체다크'는 '하나님과 올바로 관계를 맺고 있는 까닭에 삶에서 맞닥

뜨리는 모든 불의한 관계를 바로잡는 일에 자연스럽게 헌신한다'는 뜻이다.[4]

"또 주린 사람에게 네 양식을 나누어 주며 유리하는 빈민을 집에 들이며 헐 벗은 사람을 보면 입히며 어려운 처지의 동족을 보고서 모른 체하지 않는 것이 다. 그리하면 네 빛이 새벽같이 비칠 것이며 네 치유가 급속할 것이며 네 '공의 (체다크)'가 네 앞에 행하고 여호와의 영광이 네 뒤에 호위하리라"(사 58:7-8).

의인은 공평이 실행되지 않아 어려움을 당한 이웃의 처지를 긍휼히 여기 고 이를 바로잡으려고 하는 사람이다. 따라서 '체다크'에는 이웃을 긍휼히 여 기는 착한 태도가 들어 있다. 이 땅에 사람을 태어나게 하신 하나님이라면, 그들이 가난하고 고통을 당할 때 긍휼히 여기고 누구라도 도와주기를 바라 셔야 당연하다. 그리스도인은 하나님의 이 마음을 일상처럼 실행하는 사람 들이다.

정리하면 '체다크'는 다음과 같다.

첫째, 하나님과 이웃과 올바로 관계하라.
둘째, 불의한 것들을 바로잡아라.

3. 구약에 나타난 공평과 정의

아브라함의 후손들로 이스라엘을 세우려고 계획하신 하나님께서는 직접 만드신 규례와 법을 이스라엘에게 주셨다. 이 규례와 법에는 하나님께서 세 우려고 계획하신 국가의 모습이 담겨 있다. 규례와 법은 참다운 나라를 세우 려는 하나님께서 직접 만드신 청사진이다. 하나님께서는 당신의 규례와 법을 지키면 흥하고 버리면 망하도록 설계하셨다.

"여러분이 여호와의 말씀을 청종하여 이 율법책에 기록된 그의 명령과 규례를 지키고 여러분의 마음을 다하며 뜻을 다하여 여호와께 돌아오면 여호와께서 여러분의 손으로 하는 모든 일과 많은 자녀와 가축의 새끼와 토지의 소출을 많게 하시고 복을 주실 것이오. 여호와께서 여러분의 조상들을 기뻐하신 것과 같이 여러분을 다시 기뻐하셔서 여러분에게 복을 주실 것이오"(신 30:9-10).

이 규례와 법의 핵심은 우상을 섬기지 않는 것과 공평과 정의를 지키는 것인데 이스라엘은 우상을 섬겼고 공평과 정의도 지키지 않았다. 우상을 섬겨서 하나님과 관계가 깨지면 사회의 공평과 정의도 무너진다. 구약에서 공평과 정의가 사용된 말씀 가운데 주요한 구절을 간단히 보며 공평과 정의를 촉구하시는 하나님의 음성을 확인하자.

"내가 그에게 그 자식과 자손에게 말한 여호와의 도를 지켜 '의와 공도'를 행하게 하려고 그를 택했고, 나 여호와가 아브라함에게 말한 일을 이루어 주겠다"(창 18:19).

이 말씀에서 '의와 공도'가 '체다크'와 '미쉬파트'인데 이를 의와 공도라고 해 놓으니 말씀의 뜻이 안개 낀 것처럼 흐릿하다. 하나님께서는 공평과 정의를 행하는 나라를 세우시려고 아브라함을 선택하셨다. 아브라함을 세우실 때 공평과 정의가 실현되어 억울한 사람이 없는 나라를 세우시려는 설계도가 벌써 마련된 것이다.

모세는 가나안으로 들어가게 될 백성들에게 이렇게 설교한다.

"오늘 내가 여러분에게 선포하는 이 율법과 같이 그 규례(미쉬파트)와 법도가 공의로운(체다크) 큰 나라가 어디 있소"(신 4:8).

모세는 하나님께서 주신 규례와 법이 어느 특정계층에게 유리하지 않고 모든 계층에게 공평하다는 점을 잘 알았고 이를 백성에게 확인해 준다. 또 이 말에서 모세가 하나님의 규례와 법을 얼마나 값지게 여기는지도 확연히 느껴진다. 부연할 점은, 하나님께서 아브라함에게 말씀하신 내용이 동일하게 모세에게도 나타나고 그 뒤에도 말라기 선지자 시대까지 일관되게, 약 1,700년 동안 일관되게 당신의 규례와 법을 지키라고 요구하신다는 사실이다.

모세를 이은 여호수아를 따라 가나안에 들어간 이스라엘은 약속대로 땅을 나눠 받고 정착하지만 여호수아가 죽은 뒤에 이방신을 숭배한다. 그때마다 하나님께서는 이방나라를 들어 이스라엘을 치시고, 매를 맞은 이스라엘이 하나님께 도움을 구하면 하나님께서 사사士師를 세워 구해 주시는 세월이 반복된다.

사사시대에 우상숭배와 더불어 불의가 사사기 19장에 나타난다. 어느 레위인이 자기 일행과 함께 베냐민지파가 사는 기브아 성읍의 한 노인의 집에서 하룻밤 유숙을 하게 됐다. 저녁이 되자 그 마을의 불량배들이 몰려와 손님들을 내놓으라고 요구한다. 이들은 롯의 집에 찾아와 손님들을 요구했던 소돔과 고모라 사람들처럼 동성애를 하겠다는 것이었다. 이들을 말리던 주인 노인은 자신의 딸과 레위인의 소실小室을 대신 내준다. 밤새 욕을 당한 소실이 시체로 돌아오자 분기가 치솟은 레위인은 시체를 열두 덩이로 잘라 각 지파에 보낸다. 베냐민지파의 만행을 알게 된 다른 지파들이 일어나 베냐민지파와 내전을 벌인다. 하나님께서 지파연합군의 손을 들어주시므로 불의한 베냐민지파는 멸절 직전까지 가는 대패를 당한다. 이 기사를 볼 때 우리나라처럼 이스라엘 안에도 동성애가 퍼졌다는 사실을 알게 된다. 동성애는 불의다.

이스라엘이 공평을 저버린 기사는 마지막 사사였던 사무엘이 늙었을 때 나온다. 사무엘이 사사로 세운 자신의 두 아들은 사무엘과 전혀 달랐다.

그의 아들들은 자기 아버지의 행위를 따르지 않고 부당한 이익을 탐해 뇌물을 받고 불의한 재판을 했다(삼상 8:3).

두 아들은 재판에서 자기들에게 뇌물을 바친 사람의 편을 들었다. 이스라엘의 지도자가 공평을 깨고 말았다. 이들의 악행에 백성의 원성이 높아지자 모든 장로들이 사무엘을 찾아가 '당신의 아들들이 당신 같지 않으니 왕을 세워 달라'고 요구한다. 이를 묻는 사무엘에게 하나님께서는 왕이 다스리면 왕의 특권으로 인해 백성이 고통을 당한다는 사실을 말해 주라고 하신다. 그래서 사무엘이 조목조목 말한다.

"여러분을 다스릴 왕의 제도가 이러하오…"(삼상 8:11).

여기서 '제도'가 '미쉬파트'다. 왕의 '권리'라고도 번역되는데 신부님은 '왕이 생기면 그가 백성의 토지를 몰수하게 된다고 사무엘이 예언했다'고 한다. 토지몰수는 당시 이방 왕들의 권리였으므로 이스라엘의 왕도 토지몰수를 자신의 권리로 요구하게 된다는 말이다.[5]

"왕은 여러분의 밭과 포도원과 올리브 밭에서 가장 좋은 것을 가져다가 그의 신하들에게 줄 것이오"(삼상 8:14).

토지문제는 공평과 정의의 핵심이다. 하나님의 법에 따라 토지를 영영히 팔지 말고 후손에게 물려주어야 할 이스라엘에서 토지제도가 붕괴되었다는 뜻은 이스라엘이 우상숭배는 물론이고 착취가 일어나고, 고아와 과부 같은 취약계층이 보호를 받지 못하게 됨을 뜻한다. 실제로 북이스라엘의 아합 왕이 나봇의 포도원을 강제로 뺏음으로 이스라엘의 토지제도는 붕괴되기 시작했다(왕상 21장).

아무튼 성경은 사무엘의 아들들이 뇌물을 받고 재판을 처리한 사건을 가나안에 입성 후 최초로 공평이 깨진 사건으로 기록한다.

성경은 국가의 꼴을 갖춘 다윗시대부터 공평과 정의를 주요하게 기록한다. 성경은 다윗 왕을 이렇게 평가한다.

다윗은 이스라엘 전역을 다스리며 모든 백성을 위해 언제나 공평하고 정의로운 일을 했다(대상 18:14).

다윗 같은 사람이 국회의원과 수상과 대통령이 되어야 한다. 다윗 자신도 공평으로 다스린 자신감을 피력한다.

"이스라엘의 하나님이 말씀하셨소. 이스라엘의 반석께서 나에게 이르셨소. 모든 사람을 공평으로 다스리는 왕은, 하나님을 두려워하면서 다스리는 왕은, 구름이 끼지 않은 아침에 떠오르는 맑은 아침 햇살과 같다고 하시고, 비가 온 뒤에 땅에서 새싹을 돋게 하는 햇빛과도 같다고 하셨소. 진실로 나의 왕실이 하나님 앞에서 그와 같지 않소?"(삼상 23:3-5).

다윗은 공평과 정의를 실행해 이스라엘을 부강한 국가로 만들었다. 다윗은 아들 솔로몬을 통해 성전을 지으려고 금 3,400톤과 은 34,000톤에 무게를 달지 못할 만큼의 놋과 철을 준비해 두었다(대상 22장). 다윗은 자신의 재산 가운데 금 100톤과 은 240톤을 헌물할 정도로 부자였다. 그러자 족장들,

지파의 지도자들, 군 지휘관들, 행정장관들도 금 170톤, 8.4그램짜리 금화 1만 개, 은 340톤, 동 610톤, 철 3천4백 톤을 드린다(대상 22장). 다윗이 이룩한 이러한 성취는 솔로몬시대에도 이어져 성경은, '솔로몬은 세상의 그 어떤 왕보다도 부유했다'고 말한다(대하 9:22). 이는 다윗과 솔로몬 뒤에 왕좌에 오른 왕들이 공평과 정의를 실행하지 않음으로 점차 쇠약해진 국력에서 극명히 대조된다. 한 예로 히스기야시대에 앗시리아에 보낼 조공으로 금 약 1톤과 은 약 10톤이 없어서 성전과 왕궁의 기둥에 발라진 금을 벗기는 처지와 비교하면 다윗시대의 부가 어느 정도였는지 알게 된다. 이는 다윗이 공평과 정의로 나라를 다스린 결과다.

2017년 11월에 '대외경제정책연구원'이 발표한 '부패방지의 국제적 논의와 무역비용 개선의 경제적 효과' 연구보고서에 따르면 '한국의 부패인식수준이 APEC국가의 평균 수준(54.62)으로 향상되면 한국의 실질 국민총생산은 최대 2.4퍼센트, 수출은 중장기적으로 3.84퍼센트 증가하는 것으로 추정됐다'고 한다. 이밖에도 보고서는 여러 향상지수를 내놓았다. 또 '부패방지를 위한 개혁과제를 한국의 국가경쟁력 강화 수단으로 활용해야 한다'며 '부패는 추가적인 사회ㆍ경제적 비용 발생으로 자원배분을 왜곡하여 국제경쟁력을 저하시키고, 국가 이미지 형성에 부정적인 영향을 미치기 때문에 반드시 개선되어야 하는 과제'라고 한다.[6]

공평과 정의는 국가발전의 원동력이다. 국가는 공평한 제도를 바탕으로 구성원이 서로를 존중하는 문화가 있으면 발전하게 되어 있다. 우리나라가 개인소득 삼만 불을 이루며 수준 높은 문화대국이 되려면 공평과 정의가 실행되어야 한다.

국가를 강성하게 통치한 다윗은 공평과 정의가 하나님의 성품이라는 점을 깨달은 사람이다.

정의와 공평이 주의 보좌의 기초다(시 89:14).

구름과 흑암이 그에게 둘렸고 정의와 공평이 그의 보좌의 기초다(시 97:2).

그는 공평과 정의를 사랑하신다(시 33:5).

공평과 정의는 하나님의 성품이고 정신이며 하나님의 나라를 떠받치는 원리다. 왕이신 하나님께서는 공평과 정의로 다스리신다. 공평과 정의로 다스려야 백성이 안심하고 살지 불의와 불공평으로 다스린다면 누가 그 나라의 백성이 되려고 할까?

주님, 누가 주님의 성소에서 살 수 있겠습니까? 누가 주님의 거룩한 산에 머무를 수 있겠습니까? …정의(체다크)를 실천하는 사람… 높은 이자를 받으려고 돈을 꾸어 주지 않으며, 무죄한 사람을 해칠세라 뇌물을 받지 않는 사람입니다. 이러한 사람은 영원히 흔들리지 않을 것입니다(시 15편).

'체다크'를 실천하는 사람은 높은 이자를 받으려고 돈을 꾸어 주지 않고 뇌물도 받지 않는다. 이러한 사람은 영원한 하나님의 나라에서 누릴 자격이 있다.

지금 우리 사회에서 높은 이자를 받는 대부업체가 호황을 누린다. 이자는 돈이 돈을 벌기 때문에 가난한 사람은 더욱 가난하게 되고, 부자는 더욱 부자가 되는 쏠림을 가져온다. 결국 이자는 가난한 사람을 착취하는 행태가 되기 때문에 하나님께서는 이자를 받지 말라고 하신다. 너희 가운데서 가난하게 사는 내 백성에게 돈을 꾸어 주었으면 너희는 그에게 빚쟁이처럼 재촉해서도 안 되고 이자를 받아도 안 된다(출 22:25). 이 얼마나 섬세하고 올바른 설계인가! 우리 그리스도인은 하나님의 참다운 정신을 따라 은행이 최소한의 이자만 받고 운영되도록 힘써야 하고, 우리가 그런 은행을 설립해 가난한 사람들을 도와야 한다. 하물며 그리스도인이 이자놀이를 한다는 소식은 오보誤報여야 한다.

하나님께서 다윗을 통해 이룩한 공평과 정의가 실현된 나라는 단순히 다윗시대나 그의 자손들이 이어받을 왕조에서만 머물지 않는다. 공평과 정의가 실현된 나라는 구세주가 이어받을 사역이기도 하고, 구세주는 공평과 정의를 이룩하는 완성자이기도 하다.

한 아기가 우리를 위해 태어났다. 우리가 한 아들을 모셨다. 그는 우리의 통치자가 될 것이다. 그의 이름은 놀라운 조언자, 전능하신 하나님, 영존하시는 아버지, 평화의 왕이라고 불릴 것이다. 그의 왕권은 점점 더 커지고 나라의 평화도 끝없이 이어질 것이다. 그가 다윗의 보좌와 왕국 위에 앉아서 이제부터 영원히 공평과 정의로 그 나라를 굳게 세울 것이다. 만군의 주님의 열심이 이것을 반드시 이루실 것이다(사 9:6-7).

천국은 예수님께서 공평과 정의로 통치하시는 나라다. 통치자가 예수님이시기 때문에 그 나라는 현세의 나라와는 달리 공평하고 정의로우리라 믿게 된다. 그때까지 우리는 이 현세의 나라에서 공평과 정의가 작동하도록 노력해야 한다.

다윗의 뒤를 이은 솔로몬은 중반기까지는 나라를 잘 다스렸다. 그의 잠언에는 공평과 정의가 여러 구절 나온다.

정의롭고 공평한 일을 하는 것이 제사를 드리는 것보다 여호와를 더 기쁘시게 한다(잠 21:3).

솔로몬은 짐승 천 마리를 잡아 제물로 드릴 정도로 제사에 열심을 냈다. 솔로몬은 같이 온 군중과 함께 그 놋제단 앞에 가서 천 마리의 짐승을 잡아 번제를 드렸다(대하 1:6). 그런 솔로몬이 제사보다 공평과 정의가 하나님을 더 기쁘시게 한다고 말하는데, 이치를 생각해도 그렇다. 뜻을 실행하지도 않으면서 제사만 열심히 드리면 가증하다. 이 말씀은 예배 꼭꼭 드리고 헌금 많이 하는 것보다 기업이 비정규직을 양산하는 것에, 죄 지은 재벌회장이 풀려날 때에, 정치인들이 밥 먹듯이 거짓말을 할 때에 나서고, 세월호 희생자 가족들과 가습기살균제 피해자 가족들이 부당한 고초를 당할 때에 옆에서 도와주는 행동이 하나님을 더 기쁘게 한다는 뜻이다.

솔로몬에 관한 기록에서 솔로몬이 불공평한 통치를 했다는 기록은 보이지 않는다. 하지만 솔로몬이 외국 여자들과 정략혼인을 하므로 백성이 이 여자들의 우상을 따르도록 방조한 죄악이 크다. 공평하신 하나님은 이 죄의 벌로 솔로몬의 아들인 르호보암시대에 이스라엘을 남유다와 북왕국 이스라엘로 쪼개신다. 이 분열왕국시대에 공평과 정의는 세월호시대처럼 처참하게 뭉개졌다. 그러자 하나님께서는 대언자를 세우셔서 우상을 멀리하고 공평과 정의를 실행하라고 천둥치듯 촉구하신다.

"나 주가 선고한다. 이스라엘이 지은 서너 가지 죄를 내가 용서하지 않겠다. 그들이 돈을 받고 정의로운 사람을 팔고 신 한 켤레 값에 빈민을 팔았기 때문이다. 그들은 힘없는 사람들의 머리를 흙먼지 속에 처넣어서 짓밟고 힘 약한 사람들의 길을 굽게 하였다. 아버지와 아들이 같은 여자에게 드나들며 내 거룩한 이름을 더럽혔다. 그들은 전당으로 잡은 옷을 제단 옆에 펴놓고는 그 위에 눕고 저희가 섬기는 하나님의 성전에서 벌금으로 거두어들인 포도주를 마시곤 하였다"(암 2:6-8).

이 시대에는 전 시대에 없던 악행이 자리를 잡았다. 가난하고 힘없는 사람들이 부자와 힘 있는 자들에게 억압당하고 착취당한다. 아예 하나님을 무시한다.

"… 너희는 정의로운 자를 학대하며 뇌물을 받고 법정에서 가난한 자를 억울하게 하고 있다"(암 5:12).

재판도 불공평하다. 불의한 자들은 정의로운 사람들을 통해 자신들의 불의함이 드러나기 때문에 정의로운 사람들을 모함하고 괴롭힌다. 재판에서도 예나 지금이나 가난한 사람들은 변호사도 쓰지 못하는 처지지만 악한 부자들은 죄가 있는데도 뇌물이나 연줄을 이용해서 또는 비싼 로펌을 사서 빠져나간다. 너희 권력 잡은 자들아, 정말 공정한 판결을 내려 본 적이 있더냐! 사람들을 공평하게 재판한 적이 있더냐!(시 58:1).

"공평을 쑥처럼 만들고 정의를 땅에 던지는 자들아"(암 5:7).

"너희는 악을 미워하고 선을 사랑하며 법정에서 공평을 기하라"(암 5:15).

여호와께서 말씀하시다. "나는 너희 종교행사를 싫어하고 경멸하며 너희 모임을 기뻐하지 않는다. 너희가 나에게 불로 태워 바치는 번제나 곡식으로 드리는 소제를 드려도 내가 받지 않을 것이며 살진 짐승으로 화목제를 드려도 내가 거들떠보지 않을 것이다. 너희는 내 앞에서 노랫소리를 그쳐라. 너희 비파소리를 내가 듣지 않을 것이다. 오히려 너희는 공평을 물처럼 흐르게 하고 정의를 마르지 않는 시내처럼 흐르게 하라"(암 5:21-24).

공평과 정의를 실행하지 않는 가운데 드리는 예배도 찬양도 가증할 뿐이다. 공평과 정의는 내던지고 예배만 드리면 된다는 가르침이 하나님의 말씀인가?

하나님의 뜻을 저버린 북왕국 이스라엘은 결국 주전 722년에 앗시리아의 침공을 받고 멸망한다. 이스라엘이 멸망한 원인은 우상숭배와 공평과 정의를 버렸기 때문이다.

웃시야와 요담과 아하스가 남유다를 통치할 때도 공평과 정의는 무너졌다. 이때에 활동했던 대언자는 이사야다.

"선하게 사는 법을 배우고 정의를 추구하며 학대받는 자를 도와주고 고아를 도와주고 과부를 변호하라(사 1:17) … 너희 지도자들은 반역자요 도둑들과 한패이며 하나같이 뇌물과 선물받기를 좋아하고 고아와 과부의 억울한 문제를 해결해 주지 않는구나"(사 1:23).

지도자들이 뇌물과 선물로 자기 배를 채우느라 약자인 고아와 과부들에게 관심이 없다. 약자들의 눈물이 보이지 않고 울음이 들리지 않는다. 더러운 이익을 탐하는 욕망이 머리끝까지 차 있으면 약자들이 보이지 않는다. 우리가 투표할 때 약자들의 눈물에 아파하는 사람을 뽑아야 한다.

"너희는 무가치한 재물을 더 이상 가져오지 말라. 너희가 분향하는 것도 가증하다. 너희가 종교모임을 가지면서도 악을 행하는 것을 이제는 견디지 못하겠다"(사 1:13).

우리 그리스도인 가운데 위의 말씀을 들어야 하는 사람은 없어야 한다. 그렇게 되려면 나를 비롯한 목사들이 위의 말씀을 가르쳐야 한다. 예배를 열심히 드리라고 가르쳤더니 그대로 하고, 헌금을 많이 하라고 가르쳤더니 그대로 하는 것처럼, 목사들이 무엇을 가르치느냐에 따라 교인들의 신앙이 결정된다.

"너희 손에는 죄 없이 죽은 사람들의 피가 잔뜩 묻어 있다"(사 1:15).

우리나라 현대사에서 불의한 재판을 받고 죄가 없어도 죽은 사람이 많다. 경찰과 검찰, 법원이 죄도 없는 사람을 죄인으로 누명을 씌워 인격살인을 하거나 형刑을 살게 하거나 사형을 했다. 대학생 박종철은 고문을 당하다가 죽었다. 저 못된 자들, 마구 고문이나 해대며 전혀 듣도 보도 못한 죄목을 들이대면서 네가 그런 일하지 않았느냐고 자백을 강요하면서 죄를 덮어씌우려고 합니다(시 35:11). 우리는 지금과 앞으로 이러한 불의가 일어나지 않도록 책임을 다해야 한다.

"집과 땅을 계속 사들여 다른 사람이 살 공간도 남기지 않고 혼자 살려고 하는 사람에게 화가 있을 것이다"(사 5:8).

우리 사회에서 90년대 초까지만 해도 부동산투기는 지탄 받는 행위였다. 그 뒤부터 점점 부동산투기가 재산을 늘리는 투자가 되어 이제는 당당한 돈벌이 수단이 되었다.

통계청이 2017년 11월에 발표한 '2016년 주택소유통계 결과'를 보면, 우리나라 전체 가구 중 45퍼센트가 자기 집이 없다. 반면 주택을 소유한 가구의 27퍼센트는 2채 이상 가졌고, 10채 이상은 4만4,000가구(0.4퍼센트)고, 51채 이상은 3,000가구나 된다. 전국에서 집이 가장 많은 사람은 1,600채를 가진 광주 사람이고, 창원에 사는 50대는 700채다. 그 아래에는 수백 채를

가진 사람들이 수두룩하다.[7)]

　한 사람이 집과 땅을 필요 이상으로 사들이면 당연히 월세도 전세도 집값도 오르게 된다. 이렇게 되면 가난한 사람들은 영문도 모르고 고통을 당한다. 이런데도 한국 교회에서 부동산투기를 죄악이라고 가르치는 말을 들어보지 못했다. 그러자 교인들도 돈을 벌 요량으로 얼씨구나 집과 땅을 사들여 그 차액을 얻거나 세를 받고는 하나님께 복 받았다고 자랑한다. 우리 그리스도인은 이웃을 생각해서 필요 이상의 부동산을 갖지 말아야 하고, 이 진리를 사회에 널리 알려야 하며, 부동산을 필요 이상으로 갖지 못하게 하는 법이 제정되게 노력해야 한다.

　"악법을 만들어 내고 부정한 판결을 내리며 가난한 자의 권리를 박탈하여 정당한 재판을 받을 수 없게 하며 과부나 고아의 것을 약탈하는 자에게 화가 있을 것이다"(사 10:1-2).

　이 말씀에서 우리 사회가 보인다. 부자에게 유리한 부동산정책을 만들어 시행하고, 부자들은 전관前官을 보유한 로펌을 써서 법망을 빠져나간다. 대입정책도 초등학교 때부터 비싼 학원에 다녀야 일류대학에 들어갈 수 있는 구조다. 법조인이 되는 로스쿨도 비싼 학비를 감당할 재산이 있어야 한다. 문재인정부가 많은 노력을 기울이지만 갈 길이 멀다. 우리 그리스도인이 약자들도 공평한 기회와 대접을 받는 사회를 만들어야 한다.
　이사야보다 약 백년 뒤 사람인 예레미야도 남유다를 향해 같은 대언을 했다.

　"나 주가 말한다. 너희는 공평과 정의를 실천하고, 탈취당한 자를 압박하는 자의 손에서 구하여 주고, 외국인과 고아와 과부를 괴롭히거나 학대하지 말며,

이곳에서 무죄한 사람의 피를 흘리게 하지 말라"(렘 22:3).

기업에서 일하는 노동자들이 직업병으로 고통당하는 데도 기업은 이를 산재로 인정하지 않는 사례가 있다. 회사가 이를 인정해 주지 않으면 노동자는 산재로 인정받기 위해서 병중이라도 거리에 나올 수밖에 없다. 이들도 무죄한 피를 흘리는 사람들이다. 우리 복음주의 교회에도 이런 고통을 당하는 교인이 있을 텐데도 복음주의 교회는 이런 사안에 거의 관심을 보이지 않는다. 이들이 호소하는 자리에 복음주의 교회에서 활동하는 목사들이 나선 경우를 거의 보지 못했다. 오히려 이들을 비난하거나 노조를 비난하는 설교는 가끔 들린다. 어떤 노조가 가끔 비난 받을 만하게 행동하지만 이러한 비난에는 '노조는 나쁜 것'이라는 인식이 전제되어 있음을 느낀다. 또 이른바 연봉 1억 원 정도 받는 생산직을 귀족노조라며 이들의 파업을 비난하는 사람들이 있는데 이런 정도의 연봉을 받는 노동자는 소수다. 그리고 1억 원을 받는 사무직은 많지만 그 돈을 받는다고 비난하지 않으면서 생산직은 귀족노조라고 한다. 생산직은 1억 원을 받으면 안 된단 말인가?

예수님은 박사도 아니고, 부자도 아니고, 권력자도 아니고 시골의 가난한 노동자였다는 사실을 우리는 잊지 말아야 한다. 우리는 위의 말씀처럼 약자들은 물론이고 외국인노동자들의 권리도 지켜줘야 한다.

예레미야서에 하나님께서 여호야김 왕을 심판하시겠다고 하신다. 그리고는 여호야김과 그의 아버지인 요시야 왕을 비교하여 정의를 실천한 요시야를 칭찬하고 불의를 행한 여호야김을 꾸중하신다.

(요시야는) "법과 정의를 실천하지 않았느냐? 그때에 그가 형통하였다. 그는 가난한 사람과 억압받는 사람의 사정을 헤아려서 처리해 주면서, 잘살지 않았느냐? 바로 이것이 나를 아는 것이 아니겠느냐? 나 주의 말이다. 그런데 너의

눈과 마음은 불의한 이익을 탐하는 것과 무죄한 사람의 피를 흘리게 하는 것과 백성을 억압하고 착취하는 것에만 쏠려 있다"(렘 22:11-19).

'미쉬파트'와 '체다크'를 실천한 요시야 왕은 형통했다. 하나님의 진리를 실행하면 복을 받는다. 반대로 공평과 정의를 저버리면 멸망한다.

결국 북이스라엘과 남유다는 우상을 숭배하고 공평과 정의를 저버리므로 하나님의 심판을 받고 차례로 멸망한다. 멸망과 아울러 회복도 약속하신 하나님께서는 때가 차자 이스라엘을 본토에 돌아오게 하신다. 나 주가 분명히 말한다. 너희가 바빌로니아에서 칠십 년을 다 채우고 나면, 내가 너희를 돌아보아 너희를 이곳으로 다시 데리고 오기로 한 내 은혜로운 약속을 너희에게 그대로 이루어 주겠다(렘 29:10).

본토에 돌아온 스룹바벨에 의해 성전 재건사업이 시작돼 기원전 516년에 완공되지만 성벽은 계속 붕괴된 채로 남아 있다. 페르시아의 궁전에서 이 소식을 들은 느헤미야는 황제의 승낙을 받고 총독 자격으로 성벽을 재건하러 본토에 간다. 느헤미야는 제사장, 지도자, 귀족들을 설득하고 백성을 격려하며 성벽을 쌓아 가지만 내부에서 문제가 일어난다. 흉년과 기근을 당한 백성은 지도자들에게 빚을 내서 생계를 유지하고 세금도 냈는데 그 빚을 갚지 못하자 담보로 잡힌 땅과 집을 빼앗기고 자녀들까지 종으로 끌려갔고, 더 끌려갈 형편이 되었다(느 5:1-5).

율법에 따르면 유대 지도자들은 세 가지 죄를 저질렀다. 땅과 집과 사람은 담보로 잡아서는 안 되는데 담보로 잡은 죄. 둘째, 유대인을 종으로 팔 수 없는데 판 죄. 셋째, 이자를 받을 수 없는데 이자를 받은 죄.[8]

하나님의 규례와 법을 지키지 않아 멸망한 고국에 이제 돌아와 국가를 재건하고 있는 상황에서 지도자들의 불의로 공평과 정의가 또 무너졌다. 이 사정을 들은 총독 느헤미야는 "그들의 울부짖음과 탄식을 듣고 보니 나 또한 치밀어 오르는 분노를 참을 수가 없다"(느 5:6)라고 반응했다. 누군가 고통을 당하는 소식을 듣는다면 우리는 느헤미야처럼 반응해야 한다. 하나님의 마음을 가진 사람은 당연히 거룩한 분노를 품게 된다. 느헤미야는 지도자들을 호되게 야단치고 귀족과 관리들을 모아서 이렇게 말한다. "나도, 내 친족도, 그리고 내 아랫사람들도 백성에게 돈과 곡식을 꾸어 주고 있소. 제발 이제부터는 백성에게서 이자 받는 것을 그만둡시다"(느 5:10). 느헤미야 자신도 돈과 곡식을 꾸어 주었지만 이자를 받지는 않았다. "그러니 당신들도 밭과 포도원과 올리브 밭과 집을 오늘 당장 다 돌려주시오. 돈과 곡식과 새 포도주와 올리브기름을 꾸어 주고서 받는 비싼 이자도 당장 돌려주시오"(느 5:11). 그러자 이들은 서약을 하고 그대로 실행했다. 그 결과 백성들은 열심히 성벽을 쌓아 사업을 완성했다. 만일 느헤미야가 공평과 정의를 실행하지 않았다면 백성들은 성벽이고 뭐고 등을 돌렸을 것이다.

우리나라가 선진국에 진입하려면 수출을 많이 해야 한다. 수출을 많이 하려면 상품의 질이 높아야 한다. 상품의 질이 높아지려면 노동자들이 신바람 나게 일하도록 해 줘야 한다. 노동자들이 신바람 나게 일하려면 월급과 대우를 충분히 해 줘야 한다. 그러면 위의 말씀에서 이스라엘의 노동자들이 열심히 일한 것처럼 이 나라의 노동자들도 열심히 일하게 된다. 우리나라에 돈이 부족하지 않다. 기업이 사내에 700조 원을 쌓아 놓고 있다지 않는가.

이제까지 아브라함에서 포로귀환기까지 나타난 공평과 정의를 간략하게 보았다. 하나님께서는 이스라엘을 공평과 정의와 자비에 기초한 규례와 법에 따라 작동하는 국가로 설계하셨다. 이스라엘은 지키면 흥하고 지키지 않으면 망하는 인과응보因果應報의 규례와 법을 저버린 결과로 멸망했다. 그 뒤 하나님께서는 이스라엘을 고국으로 돌아오게 하셔서 재건시키셨고, 말라기 선지자 시대를 끝으로 400년 동안 침묵하며 구세주를 예비하셨다.

끝으로 아브라함보다 먼저 살았던 욥을 소개한다. 우리는 욥이 의인이라는 사실은 알지만 애매한 고난을 당했다는 점에 초점을 맞추느라 욥의 사람됨을 소홀히 한다.

"내게 도움을 청한 가난한 사람들을 내가 어떻게 구해 주었는지, 의지할 데가 없는 고아를 내가 어떻게 잘 보살펴 주었는지를 자랑하고 다녔소. 비참하게 죽어 가는 사람들도 내가 베푼 자선을 기억하고 나를 축복해 주었소. 과부들의 마음도 즐겁게 해 주었지. 나는 늘 정의를 실천하고, 매사를 공평하게 처리하였소. 나는 앞을 못 보는 이에게는 눈이 되어 주고, 발을 저는 이에게는 발이 되어 주었소. 궁핍한 사람들에게는 아버지가 되어 주고, 알지도 못하는 사람들의 하소연도 살펴보고서 처리해 주었소. 악을 행하는 자들의 턱뼈를 으스러뜨리고, 그들에게 희생당하는 사람들을 빼내어 주었소"(욥 29:12-17).

요즘으로 치면 재벌이었던 욥은 '동방의 의인'이라고 불릴 정도로 공평과 정의를 실행했다.

"내 남종이나 여종이 내게 탄원을 하여 올 때마다, 나는 그들이 하는 말에 귀를 기울이고, 공평하게 처리하였소. 그렇게 하지 않았더라면 내가 무슨 낯으로 하나님을 뵈며, 하나님이 나를 심판하러 오실 때에 내가 무슨 말로 변명하겠소?… 가난한 사람들이 도와 달라고 할 때에 나는 거절한 일이 없었소. 앞길이 막막한 과부를 못 본 체 한 일도 없소. 나는 배부르게 먹으면서 고아를 굶긴 일도 없소. 일찍부터 나는 고아를 내 아이처럼 길렀으며, 철이 나서는 줄곧 과부들을 돌보았소. 너무나도 가난하여 옷도 걸치지 못하고 죽어 가는 사람이나, 덮고 잘 것이 없는 가난한 사람을 볼 때마다 내가 기른 양털을 깎아서 그것으로 옷을 만들어 그들에게 입혔소. 시린 허리를 따뜻하게 해 주었더니 그들이 나를 진심으로 축복하곤 하였소. 내가 재판에서 이길 것이라고 생각하고, 고아를 속이기라도 하였더라면 내 팔이 부러져도 할 말이 없소. 내 팔이 어깻죽지에서 **빠져나와도** 할 말이 없소. 하나님이 내리시는 심판이 얼마나 무서운지를 잘 알고 있었으므로 나는 차마 그런 파렴치한 짓은 할 수 없었소"(욥 31:13-23).

욥은 공평과 정의와 자비를 실행한 사람이다. 더 나아가 공평과 정의를 저버린 자들과 싸웠다. 가난하고 고통당하는 사람들의 권리를 지키기 위해 나섰다. 우리 그리스도인은 더도 말고 덜도 말고 욥과 같은 사람이 되어야 한다. 요셉이나 다니엘만 롤모델로 삼을 게 아니라 욥도 모델로 삼으라고 가르쳐야 한다.

4. 신약에 나타난 정의

한국 교회에 '구약에서는 공평과 정의를 실행하라고 했지만 예수님이 오신 신약에서는 공평과 정의가 폐기됐고 모든 것이 용서되는 은혜의 시대'라고 하는 귀신이 떠돈다. 만일 그렇다면 하나님의 성품이 바뀌었다는 말이 되고, 공평과 정의가 기초인 당신의 보좌를 치우셨다는 말이 된다. 그렇다면 설교에서 흔히 하는 '하나님은 어제나 오늘이나 동일하시다'는 말도 하지 말아야 한다. 예수 그리스도는 어제나 오늘이나 영원토록 동일하시다(히 13:8). 예수님이 오셔서 공평과 정의가 폐기되었다면 예수님이 오신 뒤에는 이 세상에서 불의가 사라졌단 말인가? 고아와 과부와 외국인과 나그네는 보호를 받고, 재판은 공평하게 진행되며, 노동자는 일한 만큼 월급을 받고, 재벌총수라도 불법을 행하면 공평하게 옥살이를 하고 있단 말인가? 아니면, 예수님이 사랑을 가지고 오셨으니 약자들을 착취하는 사람도, 부정부패를 저지른 사람도, 적정한 월급을 주지 않는 기업주도, 불법을 저지른 재벌회장도 그저 은혜로 용서해 주고 아무런 제재를 하지 말아야 하나? 그렇다면 약자들과 노동자들이 단결해서 혁명으로 돈과 권력을 빼앗아도 사랑으로 용서하고 아무런 제재를 하지 말아야 한단 말인가?

한국 교회에 떠도는 '귀신의 억지'에 기가 차서 같은 수준으로 해 본 말이다. 신학을 끌어오지 않고 조금만 생각해도 귀신의 억지는 이치에 맞지 않는다는 사실을 알게 된다. 공평과 정의는 올바른 사회를 이루는 기본질서다. 모든 나라의 법과 제도에는 구성원 대다수가 합당하다고 여기는 정신이 담겨 있고, 구성원은 이 법과 제도가 합당하게 시행되도록 노력한다. 이렇게 되어야 구성원 모두가 행복해지는 사회구조를 가지기 때문이다(억지와 거짓말이 횡행하는 현실을 살다 보니 당연한 말을 자꾸 반복하게 된다. 이해를 바란다).

예수님의 죽음도 공평을 이룬 행위다. 예수님의 죽음을 말하는 '대속代贖'은 상거래에서 '값을 치르다'는 뜻으로 쓰이는 단어다. 거래에서 값을 치르지 않고 물건만 가져가면 불공평하다. 물건의 값을 치르고 가져가야 공평이 이뤄진다. 만일 하나님께서 인류의 죄에 대한 값을 치루지 않으시고 인류를 구원했다면 이것은 불의다. 그래서 십자가는 하나님의 사랑이면서 동시에 공평이다.

앞서 히브리어 '체다크'의 뜻이 '정의'라고 했다. '체다크'는 구약의 헬라어 번역인 70인 역에서 거의 일관되게 '디카이오쉬네'로 번역되었다.[9] 이 '디카이오쉬네'는 우리말 신약성경 도처에서 그냥 '의'로 번역되었는데 '디카이오쉬네'는 공평, 정의, 순결, 거룩, 옳은, 적당 등과 같은 뜻이 있다.[10] 그래서 신약에서 '의'라는 단어가 나오면 '공평하고 정의롭고 순결하고 옳은'을 대입해 보고 이해해야 한다.

대 신부님은 '내가 하나님의 용서를 받아 의인이라고 불리게 되었다면 이제 다른 사람과 의로운 관계를 가져야 한다'는 '개인의 의'에 이어 '그 개인이 활동해야 하는 사회에서의 의'를 말씀하시는데, 이 사회의 의는 곧바로 사회 문제와 연결된다.

서로 의로운 관계를 유지한 사람들이 사회에 불의한 문제가 있다면 의롭게 해결되도록 의를 구해야 할 책임이 있습니다.… 만일 사회의 불의를 보고도 못 본 체 나와는 상관이 없다는 무관심한 태도를 취하면 불의를 당한 자들이 신자들을 미워하게 될 것입니다. 성경은 '옷이 없고 먹을 것이 없는 사람을 무시해 버린 네게 무슨 사랑이 있느냐? 무슨 믿음이 있느냐?'고 아주 강하게 언급하는데 이것은 다시 말하면 '너에게 무슨 의가 있느냐?'는 질문과 다름없습니다. … '의'라는 것은 어려운 자들을 도와주는 올바른 관계를 말합니다.[11]

이러한 뜻을 새기며 신약에서 말하는 의를 이제 보자.

"(정)의에 주리고 목마른 자는 복이 있으니 저희가 배부를 것이오"(마 5:6).

가르침 중의 가르침인 산상수훈에 정의가 자주 나오는데 우리는 그냥 '의'라고 번역된 성경을 읽으며 모호하게 이해했다. 정의에 주리고 목마른 사람이 배부를 것이라는 예수님의 약속은 지당한 처사다. 불의한 세상에서 정의에 주리고 목마른 사람은 현세의 복락이 아니라 영원한 진리를 염원하는 사람이다. 이 불의한 세상에서 정의를 염원하는 사람은 주리고 목마르게 된다. 이 사람에게 배부르리라는 약속은 합당하다.

"(정)의를 위해 핍박을 받는 자는 복이 있으니 천국이 저희 것이오"(마

5:10).

'의'는 지극히 개인의 신앙을 나타내는 단어지만 정의는 사회라는 이웃의 현실에 참여하는 행동이다. 따라서 정의를 구하면 핍박을 받는다. 구약시대에 활동했던 대언자들이 그랬고, 세례요한도 정의를 말하다가 헤롯에게 죽었고, 우리나라의 현대사를 보더라도 그렇다. 불의하기 때문에 정의를 구하는 것인데 불의를 자행한 권력자가 자신의 악행을 감추려고 갖은 핍박을 하게 된다. 우리나라의 보수 교회에서 정의를 부르짖다가 핍박을 당한 교회를 보지 못했다. 예수님은 정의를 위해 핍박을 당하는 자들에게 천국이 주어진다고 하시는데 정의를 위해 핍박을 당하지 않은 교인은 그럼 어떻게 되는 걸까?

"내가 여러분에게 말합니다만 여러분의 (정)의가 서기관과 바리새인보다 더 낫지 못하면 결단코 천국에 들어가지 못합니다"(마 5:20).

서기관과 바리새인은 정의가 아니라 자신들의 이익과 욕망을 구한 사람들이다. 불의한 결정을 내려 예수님을 죽인 사람들이다. 예수님은 교인이라는 우리가 고통과 억울함을 당하는 사람들을 외면하고 자기 복에만 관심을 두면 천국의 문턱을 넘지 못하는 불상사가 일어난다고 하신다.

"여러분은 먼저 그의 나라와 그의 (정)의를 구하시오. 그리하면 이 모든 것을 여러분에게 더해 주실 것이오"(마 6:33).

이 말씀에 대해 대 신부님은 이렇게 말한다.

우리 자신의 필요에 관심을 쏟기 이전에 먼저 구약성경에 기록된 하나님의 법과 정의를 위해 싸워야 한다. 정의를 가장 우선시한다면, 하나님께서 초자연적으로 재정을 보살피실 것이라는 예수님의 말씀에서 초자연적인 부분이 나온다. 그리스도인들은 거의 대부분 이 사실을 믿지 않는다. 이 말씀을 믿는 소수의 그리스도인들조차 '하나님 나라'에 대한 이해를 천당 가는 것으로, 정의에 대한 이해를 선한 행실로 제한한다. 콘스탄틴시대 이후 타락한 교회 지도자들은 그와 같은 분위기를 만들어 내기 위해 온갖 노력을 기울여 왔다. 재세례파, 후터파, 메노파 등은 그것을 받아들이지 않아 화형에 처해졌다. 하지만 감사하게도 그들의 후계자들은 살아남았다.[12]

하나님의 나라와 정의를 구하면 핍박이 오고, 핍박이 오면 먹고살아야 하는 문제가 일어난다. 이런 사람은 하나님께서 먹여 주신다고 약속하셨다. 대신부님은 예수원을 설립하면서 '그의 나라와 정의를 구하여 하나님께서 주시는 밥을 먹겠다'고 작정하시고 당시 버스도 들어오지 않는 첩첩산중에 생활 대책도 없이 예수원을 설립하셨다. 지금까지 예수원은 하나님의 나라와 정의를 구함으로 하나님께서 먹여 주시는 기적을 경험하며 산다.

분봉왕 헤롯은 자기 동생의 아내 헤로디아의 일과 또 자기가 행한 모든 악한 일을 인하여 요한에게 책망을 받고 이 위에 한 가지 악을 더하여 요한을 옥에 가두었다(눅 3:19-20).

세례요한은 왕의 악을 지적했다. 정치문제에 관여한 것이다. 헤롯이 요한을 (정)의롭고 거룩한 사람으로 알고 두려워하여 보호하며 또 그의 말을 들을 때에 크게 번민을 느끼면서도 달게 들었다(막 6:20). 헤롯의 인식처럼 세례요한은 막강한 권력자라도 불의하면 책망했다. 위의 말씀에 보면 한 번만이 아니라 수시로 했다. 헤롯은 세례요한의 말을 쓰게 느꼈지만 그래도 듣기는 했는데 헤로디아의 술수에 걸려 세례요한을 참수斬首한다. 다시 강조하지만 세례요한은 정치인의 불의를 책망했다. 우리 사회에서 목사가 정치인의 불의를 비판하면 종교가 정치에 관여한다고 일각에서 말한다. 교인 중에도 그런 사람이 있다. 정치와 경제를 비롯해 어떤 사회조직이라도 불의하고 부패하면 목사는(교회는, 교인은) 세례요한처럼 나서야 한다. 만일 입을 닫으라고 주장하는 사람이 있다면 그는 먼저 가서 세례요한의 입을 막은 뒤에 주장하길 간곡히 바란다.

"그러나 율법의 작은 점 하나가 떨어져 나가는 것보다 하늘과 땅이 없어지는 것이 더 쉬울 것이오"(눅 16:17).

예수님께서는 구약의 공평과 정의와 자비를 강력하게 지지하신다. 공평과 정의가 신약시대라고 폐기처분된 게 아니다. 대 신부님은 '율법은 코이노니아로 완성되었다'라고 하신다. 스스로 이웃을 돕는 코이노니아가 율법을 완성시킨다는 말씀이다. 우리는 공평과 정의를 오늘날의 법과 제도에 적용되게 해야 하고, 더불어 코이노니아를 실행해 법과 제도의 부족한 점을 메워야 한다.

의회 의원 가운데 착하고 (정)의로운 요셉이라는 사람이 있었다. 그는 의회의 결정과 행동에 따르지 않았다(눅 23:50-51).

의회는 유대공동체의 최고의결기구다. 의회원인 아리마대 요셉은 예수님을 죽이겠다는 의회의 결정에 따르지 않았다. 조직원이면서도 왕따나 퇴직을 두려워하지 않으며 조직의 불의에 가담하지 않았다. 더구나 빌라도에게 예수님의 시신을 찾아서 장사하므로 예수님과의 의리도 끝까지 지켰다(코이노니아를 했다).

만일 상사가 김 집사인 당신에게 모처에 뇌물을 주고 서류도 조작하라고 한다면 어떻게 할 텐가? 김 집사가 담임목사인 당신에게 이 문제를 상담한다면 뭐라고 대답할 텐가?

김 집사가 처한 이러한 현실은 우리 사회에서 다반사로 일어난다. 회중석에 앉은 김 집사와 박 집사는 이러한 현실을 매번 경험하다가 예배에 왔다. 목사들이 회중석에 앉아서 상사의 지시를 떠올리며 번민하는 수많은 집사들에게 올바른 가르침을 주어야 하는데 목사들이 현실을 모르거나 알아도 회피하기 때문에 교인들이 사회에서 올바른 행동을 선택하는 용기를 갖지 못한다. 이제 한국 교회는 불의한 일에 가담하지 말고 올바름을 구하라고 가르치는 수준에 올라서야 한다. 나아가 교회는 그렇게 해서 왕따나 퇴직을 당한 교인을 책임져 주어야 한다.

"그가 와서 죄에 대하여, (정)의에 대하여, 심판에 대하여 세상을 책망하실 것이오"(요 16:8).

'죄'는 하나님과의 관계가 손상된 것을, '정의'는 모세가 규정한 사회질서를, '심판'은 정의를 시행할 정부의 책임을 뜻한다. 예수님은 권위를 가지고 재림하실 때 모세의 제도를 시행할 것을 확언하셨다.[13]

"율법학자들과 바리새파 사람들아. 너희 위선자들에게 불행이 닥칠 것이다. 너희는 박하와 회향과 근채의 십일조는 바치면서 율법 가운데 더 중요한 정의와 자비와 믿음은 저버렸다. 그러나 십일조도 바치고 이것도 버리지 말았어야 했다"(마 23:23).

예수님은 '율법 가운데 더 중요한 것'의 순서를 첫째 정의, 둘째 자비, 셋째 믿음으로 열거하신다. 이것은 미가서 6장 8절 "사람아 주께서 선한 것을 보이셨으니 공평을 행하고 인자를 사랑하며 겸손히 네 하나님과 행하라"는 말씀의 순서와 일치한다. 대 신부님은 이 미가서 말씀을 하시며 누누이 '첫째로 공의를 행하고, 둘째는 자비를 행하고, 그다음에 하나님과 함께함'이라고 하셨다. 한국 교회는 순서를 거꾸로 가르친다.

"이제는 불의를 행하는 자는 그대로 불의를 행하도록 내버려 두고, 더러운 자는 그냥 사람이 더러운 채로 내버려 두어라. 의로운 사람은 그대로 (정)의를 행하게 하고, 거룩한 사람은 그대로 거룩한 사람이 되게 하여라"(계 22:11).

정의로운 사람은 이 세상에서 고난을 당하지만 결국은 구원을 받는다.

5. 교회가 공평과 정의를 외면한 원인

서신서에도 '의'가 자주 사용되었다. 사도들이 사용한 이 '의'는 구원을 받은 사람이라는 뜻으로 그리고 구원을 받았으니 그에 합당한 삶을 살라는 뜻으로 사용된다. 사도들의 행적을 보아도 이들이 예수님처럼 유력자들을 질타하거나 세례요한처럼 위정자의 불의를 책망하는 모습은 없다. 사도들이 공평을 구하지도 요구하지도 않은 까닭은 로마라는 제국의 지배 아래 살며 종교탄압을 받는 현실에 있다고 여겨진다. 북한 지하교회의 교인들이 지도층의 부정부패에 항거할 수 없듯이 로마의 탄압 아래에서 사도들은 의로운 생활을 유지하며 전도하는 일에 전념할 수밖에 없었다는 말이다. 따라서 사도시대와 속사도시대에는 사회정의의 가르침이 잠잠했다. 4세기에 기독교가 공인되면서는 교회자체가 권력이 되어 중세中世로 넘어갔고, 중세 내내 부패하다가 부패의 끝에서 루터의 정의로운 행동으로 종교개혁이 일어났다 (1517년). 이때부터 교회 내에 정의를 요구하는 목소리가 나타나기 시작했다.

종교개혁을 시작으로 개혁된 교파들이 탄생하는 와중에서 '재세례파가 성경에 따른 토지개혁을 요구하자 가톨릭과 개신교 모두 그들을 무자비하게 박해했다. 유럽의 거의 모든 지역에서 교회는 이미 최대의 지주였던 것이다. 신교와 구교 사이의 전쟁에서 진정한 문제는 종교가 아니라 토지였다.'14) 토지는 공평의 핵심이다. 신교와 구교로부터 살상을 당한 재세례파는 이 책의 '코이노니아'에서 말한 것처럼 많은 사람들이 외국으로 피해 그곳에서 지금도 산다.

아무튼 새로운 교파들이 탄생하며 신교가 퍼져갈 때 공평과 정의는 프랑스혁명(1789-1794년)으로 폭발한다. 마침 인쇄술이 발달되면서 자신의 말로 번역된 성경을 읽은 유럽인은 각성되었고, 이들 가운데 몽테스키외, 루소, 볼테르 같은 사상가들이 또한 유럽인을 일깨우던 상태였다. 이때 프랑스는 절대주의체제를 확립해 모든 국민은 국왕의 신하였다. 특권층인 소수의 귀족과 성직자는 국민의 90퍼센트를 차지하는 평민층의 노동과 납세에 기생하면서 우아한 무위도식을 했다. 이러한 부정부패를 견디던 프랑스인은 폭발했다. 중세교회에 눌려 있던 유럽인의 의식은 종교개혁에 이어 프랑스혁명으로 발화했다. 각성된 유럽인은 자신들의 새로운 의식과 습관과 전통을 충족해줄 새 교회를 요구했고, 이러한 요구에 따라 루터교, 장로교, 감리교, 성결교 등의 교파가 계속 탄생하면서 신교는 아메리카대륙으로 건너갔다.

위에서 잠깐 소개했지만 유럽인이 자신의 모국어로 성경을 읽게 되었다는 사실은 유럽인의 의식을 깨우는 혁명이었다(성경은 그 어떤 책과도 비교되지 않는 책 중의 책이잖은가!). 그 전까지는 인쇄술이 발달되지 않아 가죽에 필사한 성경을 사용했는데 가격이 워낙 비싸서 평민은 구입할 엄두도 내지 못했다. 더구나 필사된 성경은 라틴어로 쓰여 있어서 라틴어를 배운 사제들만이 읽을 수 있었다. 사제가 미사에서 라틴어성경을 읽고 자기 마음대로 해석해도 성경을 모르는 교인들은 그런 줄 알아야 했다. 이런 분위기에서 인쇄술이 발달하면서 이제는 평민도 저렴하게 성경을 구입해 자기 말로 읽을 수 있게 된 시대가 열렸다.

문제는 성경번역에서 촉발되었다. 고의로 공평과 정의를 모호한 단어로 번역하므로 성경의 정신을 흐리는 일이 일어났다. 이때 벌어진 성경번역상의 문제는 개신교의 많은 교파가 사회를 도외시하고 개인구원에 치중시키는 문제를 낳았다.

최초의 영어성경은 14세기에 존 위클리프가 번역한 성경이다. 그 뒤로 여섯 개의 영어본이 번역되었고, 17세기에는 영국의 국왕인 찰스 제임스 스튜어트Charles James Stuart에 의해 국교회의 예배에서 사용할 표준성경이 영어로 만들어진다(1611년). 이 성경이 우리가 킹제임스 번역본King James Version이라고 부르는 『흠정역성서欽定譯聖書』다. 그런데 이 흠정역은 정의를 '의'라고 번역했다.

이에 대해 대 신부님은 이렇게 말한다(신부님은 '공의公義'라고 번역하셨다).

교회에서 '의'라는 단어는 습관적으로 '영적인' 의미로 사용되어 왔으며 실상은 '공의'를 가리킨다는 사실 또한 은폐되어 왔다. '공의'에 해당하는 헬라어와 히브리어는 성경에서 500번 이상 쓰였지만, 킹제임스성경에서는 그 단어들이 거의 400회나 '의'라고 번역되었다. 여기서 우리는 성경 기자들 대부분이 당대의 막강한 정치·경제 권력과 행보를 달리한 반면 성경번역은 - 라틴어 번역이건 다른 현대어 번역이건 - 기존의 체제하에서 훈련 받은 학자들이 담당

해 왔음을 기억해야 한다.[15]

성경번역을 지시한 제임스 왕은 전제군주답게 성경이 말하는 공평과 정의를 싫어해서 번역자들에게 압력을 넣었고, 이에 번역자들은 'Justice(정의)'로 번역해야 하는 헬라어를 'Righteousness(의)'로 번역해 흠정역을 완성했다는 설명이다.

이러한 설명의 개연성을 높여 주는 사실이 있다. 47명의 흠정역 번역자들은 이전의 영어성경 가운데 여섯 본을 저본底本으로 사용해 흠정역을 완성했다. 그 저본의 하나로 사용된『제네바성서Geneva Bible』는 영국에서 최초로 성경 본문을 장과 절로 구분했고, 학문 면에서도 번역이 뛰어났다. 본문의 여백에는 각주와 참고기록을 실어 놓기도 했는데 이 주석을 당시 제임스 왕에게 충성하던 왕당파(Royalists, 王黨派)가 대놓고 반대하는 내용이었다고 한다. 성경에 왕과 권력자들을 질타하는 내용이 얼마나 많은가! 이러한 내용에 대한 상세한 주석을 백성은 좋아해도 권력자는 싫어했을 것이다. 또『제네바성경』에 400번 정도 나오는 단어 '폭군'이 흠정역에는 한 번도 나오지 않는다.[16] 이러한 점을 볼 때 제임스 왕과 신하들이 번역자들에게 압력을 넣었을 개연성은 충분하다. 실제로 흠정역은 '정의'를 'Righteousness'로 '정의로운'을 'Righteous'로 번역해 놓았다. 이 흠정역에 매우 권위 있는 번역본이라는 누명을 씌워(?) 영국이 대제국을 건설하면서 영어권에서 널리 사용했고, 비영어권의 언어로 성경을 번역할 때도 저본으로 사용했으며, 조선에 들어온 서양선교사들은 한글성경을 번역할 때도 흠정역을 사용했다.

그 과정을 보면, 19세기에 영국과 미국의 학자들은 이 '흠정역성서'를 개정했는데 이를『영국개정역Revised Version』이라고 부른다. 뒤에 미국 학자들은 이 개정역을 다시 개정해『미국표준역American Standard Version』이라는 성경을 만들었다.

당시 조선에 선교하러 온 영국인 존 로스(John Ross, 1842-1915) 선교사는 흠정역을 개정한『영국개정역』과『중국어성경』을 번역원문으로 해서 최초의 한글성경을 번역했다. '로스역성경'이라고도 불리는 이 성경은 신약 27권 가운데 8권만을 번역한 것이다(1882-1887년).

그 뒤에 장로교와 감리교의 주도로 다시 번역을 시작해 1906년에 구약성경이, 1911년에 신약성경이 발간되었는데, 이때 저본으로 사용한 성경이 1881년에 옥스퍼드에서 간행된 팔머의『헬라어성경』,『영국개정역』,『흠정역성서』다. 그런데 번역자들이 모두 영어권 출신들이어서(언더우드, 게일, 스크랜튼, 아펜젤러, 트롤로프) 실제로 많이 이용된 저본은『헬라어성경』이 아니라『영국개정역』과『흠정역성서』이었을 것이라고 〈대한성서공회〉에서 발간한『대한성서공회사Ⅱ』는 추측한다.[17] 흠정역에서 개정한 성경이『영국개정역』인데 그렇다면 한글성경은 거의 전부 흠정역의 영향을 받았다는 말이 된다. 이렇게 완성된『개역성경』은 그 뒤에 몇 번의 개정을 거치면서도 신약에서 막연히 '의'와 '의로운'이라고 표현된 단어를 대부분 그대로 두고 말았다.

따라서 지금 우리가 사용하는『개역성경』과『개정개역성경』그리고 그 밖의 한글성경과 전 세계에 퍼진 성경은 'Justice'로 번역해야 할 원어를 막연한 'Righteousness'로 번역하게 한 제임스 왕의 만행蠻行 아래 있게 되어 오늘날의 기독교를 사회는 도외시하고 죽어 천국에 가는 데에만 초점을 맞추는 개인구원 신앙이 되게 하는 데 일등공신이 되었다.

잘못된 번역의 악영향은 조선에도 흘러왔다. 당시 조선에 들어온 서양선교사들은 대부분이 개인구원에 치중한 신앙을 갖고 있었다. 이들의 신앙형성과 선교사로 자원하는데 큰 역할을 한 사람이 19세기의 성령의 사람인 드와이트 라이먼 무디(Dwight Lyman Moody, 1837-1899)다. 우리는 무디에 대해 잘 모르지만 무디의 사역은 전 세계에 강력한 영향을 주었고 이것은 우리나라도 마찬가지다. 그때 무디는 전 세계를 다니며 '해외선교 학생자원운동Student Volunteer Movement For Foreign Missions'을 펼쳤다. 19세기는 해외선교의 필요성이 대두되어 많은 선교사가 필요한 때였다. 무디는 많은 동역자들과 함께 서구의 대학생들에게 해외선교에 헌신하라는 강력한 동기를 일으켰다. 그 유명한 케임브리지 7인도 케임브리지대학 집회에서 헌신한 사람들이다. '이 운동에서 1880-1930년까지 해외선교에 자원한 수가 10만 명에 이르고, 무려 20,400명이 선교사로 나가서 사역했다'고 하니 이 숫자만으로도 무디의 영향력을 실감하게 된다.[18] 이때 자원한 파란 눈의 선교사들이 가장 많이 간 나라는 인도고, 그밖에 아프리카, 동유럽, 중동, 남아메리카, 중국, 일본, 조선이었는데 중국에는 4,197명, 일본은 1,027명, 조선도 404명이나 되었다.

이 404명은 그때 조선에 온 선교사의 절반이 훨씬 넘는 숫자였다.[19] 이들의 이름을 보면, 세브란스병원을 설립한 올리버 에비슨 박사, 한국학 연구와 번역에 힘쓴 제임스 스카트 게일, 원산부흥의 주역인 로버트 하디 박사, 한국침례교를 세운 말콤 펜윅 박사, 의사로 활동한 윌리엄 홀 박사 가문, 평양 대부흥을 전 세계에 알린 뉴튼 블레어(방위량), 그리고 사무엘 모펫, 윌리엄 베이드, 그래함 리, 윌리엄 스웰론 등등과 이밖에도 알렌과 함께 첫 선교사로 이름을 올린 호러스 그랜트 언드우드 등등도 무디의 영향권에 있었다.[20] 이들이 벌인 교회, 교육, 의료, 농업, 사회사업 등의 활동은 조선의 기틀이 되었다.

성령의 사람인 무디의 영향력이 엄청났다는 점은 기쁜 일이지만 무디가 가진 신앙의 한계마저도 전 세계로 퍼져 나갔다는 점은 안타까운 일이다. 그때 무디와 같이 사역한 루벤 아처 토레이(Reuben Archer Torrey · 1856-1928) 목사님이 대 신부님의 할아버지라는 사실을 많은 분들이 알 줄 안다.

대 신부님은 다음과 같이 말한다.

내한 선교사들은 무디와 같이 이렇게 개인구원(개인의 죄로부터의 구원을 생각할 때 그들은 그들 자신의 경험에 비추어 죄란 곧 술·담배·성性 등과 같은 것이라고 생각했습니다)을 강조하는 것이 한국에서도 올바른 일이 될 것이라고 생각했습니다.… 요컨대 초기의 선교사들은 아브라함의 믿음은 가졌지만 모세의 믿음에 대해서는 아무것도 몰랐다고 할 수 있겠습니다. 모세는 그의 믿음을 온 국가에 적용시켰던 것입니다. 또한 그들은 에스라의 믿음(성경의 깊은 헌신)은 가졌지만 에스라의 주변정황(강한 공동운명체 의식)에는 눈이 어두웠습니다. 개인주의적이고 현실도피적인 종교를 향한 이 모든 치우침들은 선교사들이 한국 교회에 가르쳐 준 찬송가들을 살펴볼 때 한 술 더 뜬다는 느낌을 줍니다.… 찬송가는 공동체에 대해서는 아무것도 아는 게 없는 책입니다. 공동체 개념이 표현된 몇 개의 찬송가가 있기는 하지만 그나마 잘 불려지지 않고 있는 반면 개인주의적이고 현실도피적인 찬송가들은 마르고 닳도록 불려지고 또 불려지는 것입니다.[21]

대 신부님 자신이 서양인 선교사이므로 내한한 선교사들의 신앙이 조선인에게 어떤 영향을 줄지도 알만한 조건을 갖추었다.
무디의 영향을 받은 선교사들이 사회를 도외시하는 신앙을 가졌다는 사실이 교회사에서 발견된다. 한국기독교에 지대한 영향을 끼친 평양신학교를 세운 사람은 사무엘 모펫 목사님인데 앞에서 말했듯이 이분도 무디의 영향을 받았고, 자신 스스로 '한국에 와 있는 대부분의 장로교 선교사들은 보수주의자'라고 말했다.[22] 이곳 평양신학교를 졸업한 조선인 목사들(길선주 목사 등)과, 평양이 중심이 된 서북지역의 교세가 컸는데 이곳을 중심으로 활동한 조선인 목사들의 신앙이 한국기독교의 대세가 되었음이 교회사에 나타난다.

우리는 자신의 삶을 조선에 바친 선교사들의 헌신을 높이 기리면서도 이들에게 신앙의 한계가 있었다는 사실도 기억해야 한다.

한편으로 캐나다 출신 선교사들 가운데 사회를 품는 신앙을 가진 사람들이 있었다. 이들은 YMCA와 YWCA를 창설하는 등의 활동을 했다. 이들의 신앙도 조선기독교에 하나의 흐름으로 형성되었다.

이러한 신앙의 대표로 프랭크 윌리엄 스코필드 박사(Frank William Schofield · 1889-1970)를 들 수 있다. 세브란스에 수의학 교수로 온 박사는 석호필(石虎弼)이라는 우리식 이름으로 활동했는데 '삼일운동의 제34인'이라고 불릴 정도로 독립운동을 음양으로 도왔다. 삼일운동 그날에 파고다공원에서 자신도 만세를 부르며 조선인이 만세를 부르는 장면과 아울러 일제가 자행한 '제암리교회학살사건'을 목숨을 걸고 사진으로 찍어 '광주민주화운동'을 찍어 전 세계에 알린 위르겐 힌츠페터 기자처럼 전 세계에 알렸다. 두 달 넘게 지속된 만세운동 과정에서 일제가 무자비한 살생을 저지르자 조선의 지식인들은 겁에 질려 잠자코 있었지만 박사는 용감하게 조선의 편에서 항거했다. 그러자 일제는 박사를 암살하려고까지 했다. 박사는 군사독재 시절에도 권력자를 그 앞에서 호되게 나무랐다고 한다. 우리 정부는 박사의 활동을 인정해 1968년에 건국훈장 독립장을 수여했다.

박사는 한국전쟁 뒤에 전쟁고아들을 돌보는 고아원을 세웠고, 가난한 학생들을 모아 영어를 가르치며 학비를 도왔다. 이때 영어를 배운 중학생 가운데 정운찬 전 국무총리와 김근태 선생이 있다. 박사에게 대학 때까지 장학금을 받은 정운찬 전 총리는 박사가 '약자에게는 비둘기처럼, 강자에게는 호랑이처럼 대하라고 하셨다'라고 한다. 정운찬, 김근태 두 분의 삶을 볼 때 박사의 영향력이 많은 학생들에게 어떤 영향을 주었는지 알게 된다. 정부는 박사의 공적을 기려 그의 시신을 선교사로는 유일하게 '국립서울현충원' 애국지

사 묘역에 안장했다.[23)]

얼마 전에 서서평 선교사의 삶을 다룬 영화가 개봉돼 많은 사람들을 감동시켰다. 간호사로 내한해 우리를 살리는 일에 헌신한 서서평 선교사의 삶을 발굴해 기렸다는 점은 매우 좋지만 한국 교회는 이렇게 '긍휼사역'을 하는 사람만 기린다. 긍휼뿐만 아니라 정의도 구한 스코필드 박사 같은 분들의 삶은 슬며시 외면한다. 이 글에서는 짧게 적었지만 박사의 삶은 서서평 선교사의 삶만큼이나 드라마고, 널리 알릴 가치가 충분하다(박사의 삶을 다룬 책은 『세브란스인의 스승, 스코필드』와 『민족대표 24인 석호필』이 있다).

사회를 품는 신앙이 뚜렷하게 표출된 사건이 삼일운동이다. 삼일독립선언서에 서명한 민족대표 33인 가운데 16명이 그리스도인이라는 사실은 많이 알려졌다. 이들 가운데 신석구 목사와 길선주 목사를 포함해 목사가 8명이고, 장로는 2명(남강 이승훈과 이명룡), 전도사와 교인이 4명이었다. 이뿐 아니라 당시 전국에서 태극기를 들고 만세운동을 주도했던 조직은 교회와 기독교계 학교였다. 이 여파로 교회가 불타는 등 엄청난 탄압을 받았다. 당시에 교회가 당한 참상을 상징처럼 보여 주는 사건이 '제암리교회학살사건'이다.

조선 그리스도인의 신앙에 대해 이만열 숙명여대 명예교수는 이렇게 말한다.

1899년에 발행된 〈황성신문〉을 보면 당시 대한제국 지방 관리로 나가는 사람들이 '야소교(기독교) 있는 곳은 안 가겠다. 그 고을에 가면 야소교 교인들이 들고일어나서 해먹지 못한다고 푸념하더라' 하는 내용이 나온다. 그 정도로 초기 기독교는 반봉건·반부패에 앞장섰다. 1904년에서 1910년 사이 나라가 일제에 넘어갈 때 소위 친일 주구에 대한 암살 등 친일파 제거 작업도 기독교 청년들이 앞장서서 감행했다. 하얼빈에서 이토 히로부미를 쏜 안중근 의사가 가톨릭 신자였고, 안 의사와 함께 거사를 도모한 우덕순이라는 분도 기독교 청년이었다. 매국노 이완용을 명동에서 칼로 찌르다가 일제에 붙들려 사형당한 이재명 의사도 기독교인이었다. 또 샌프란시스코에서 친일 발언을 한 스티븐스(대한제국 외교 고문)를 암살한 전명운·장인환 의사 둘 다 기독교인이었다. 구한말 그런 원흉 제거 사건들에 이어 3·1운동, 일제하 무장 독립운동, 임시정부 운동의 주도 세력이 기독교인들이었다. 또 1930년대 후반부터 1940년대 초 기독교에서 일어난 신사참배 반대 투쟁도 교회사적 의미만이 아니라 일제의 황국신민화, 민족 말살정책에 저항했다는 점에서 중요한 민족운동이다.[24]

이렇듯이 조선의 기독교에는 사회를 품은 신앙이 있었다.

그런데 삼일운동 뒤에 일제가 '문화통치'라는 그럴듯한 이름을 내세워 조선인의 인권이나 활동을 수용하는 척 하면서 뒤에서는 교묘한 책동을 시작했다. 총독부는 눈엣가시인 교회를 제압하기 위해 선교사들의 인격을 훼손하는 공작을 했다. 또 1920년대에 접어들면서 새로운 신학사조가 조선에 소개되었는데 이러한 신학사조를 사무엘 마펫 같은 선교사들이 강하게 배격하면서 엉뚱하게 신앙을 사회로 넓히는 흐름도 움츠러들었다. 그 결과 삼일운동 이후에 교회가 개인구원에 치중하며 사회를 도외시하는 신앙이 점점 커져갔다. 그러자 1922년 1월 7일자 「동아일보」는 '종교가여 가두에 출하라'는 사설로 교회가 사회에 나서라고 촉구한다. 몇 구절만 보자.

천국을 깨달음이 소용이 없고, 오직 실현만이 귀하며, 천국을 사후에 얻는 것도 가하거니와 우리 생전에 보는 것이 더욱더 아름답지 아니한가. 제군은 교단을 내려와 가두에 나서라. 불의의 포학에 읍泣하는 민중, 곧 참 인자를 위하여 생명의 불을 던지고, 심판의 불을 던지라.[25]

'죽어서 천국에 가야겠지만 지금 이 땅을 천국으로 만들어 살아야 하지 않겠느냐. 당장 교회 밖으로 나와서 움직이라'는 말이다. 이 말은 대 신부님이 누누이 하신 말씀과 똑같고, '이 땅에 하나님의 나라를 이뤄야 한다'는 최근의 복음주의 신학과도 같은 말인데 그때 벌써 신학도 모르는 일반신문이 현실사회의 구원을 갈파해서 교회를 꾸짖었다.

아무튼 그때에 개인구원에 치중하는 신앙은 시간이 흐르며 일반역사와 교회역사의 여러 가지 사건을 겪으면서 한국기독교의 대세가 되어간다.

교회사에서 나타난 공평과 정의를 보고, 한국 교회가 어떻게 해서 사회책임을 도외시하고 개인구원에 치중하게 됐는지를 살펴보았다. 그 원인은 잘못된 성경번역에서 시작되었고, 이러한 성경을 읽은 사람들에 의해 대부분의 교회는 개인구원에 치중했으며, 이러한 신앙을 가진 선교사들이 조선에서 대세가 되면서 지금 우리의 신앙이 형성되었다.

그 결과 지금 우리 교계에는 '예수님은 사회를 구원하시지 않았다, 사회구원은 없다'라는 말이 진리처럼 떠돈다. 분명히 정리한다. 개인구원과 사회구원은 별개가 아니다. 구원 받은 개인이 사회에서 공평과 정의를 실행해 올바른 사회가 이뤄지면 사회도 구원 받은 것이다. 우리의 올바른 행동이 사회를 구원한다. 내 안에 성령님을 모신 만큼 하나님의 나라가 이뤄지는 것처럼 우리가 사회에서 올바른 행위를 하는 만큼 그곳에 하나님의 나라가 이뤄진다. 사회도 영혼처럼 '땅뺏기싸움'이다. 우리의 신앙이 건강하다면, 내 안에 온전한 하나님의 나라를 이뤘다면 사회도 온전한 하나님의 나라가 된다. 내 신앙이 불건강하기 때문에, 온전한 하나님의 나라를 이루지 못했기 때문에 우리 사회도 구원 받지 못했을 뿐이다. 이제 사회도 구원 받을 때가 됐다.

6. 새 시대가 동텄다

지금까지 성경을 비롯한 여러 자료를 근거로 공평과 정의를 말했다. 그렇지만 기독교서점에는 이 주제를 간파한 분들의 저서가 벌써 여러 권 있다. 그런데도 내가 간곡한 심정으로 이 주제를 한국 교회에 또 내놓는 까닭은 여전히 복음주의 교회에서 공평과 정의를 주요한 가르침으로 내놓지 않기 때문이다. 교회가 성경의 주요한 가르침을 도외시하므로 제 역할을 저버리고 있다. 그 결과 복음주의 교회는 사회 책임이라는 부분에 있어서 제자리걸음을 하고 있다. 우리 사회가 정신과 물질 양면에서 한 단계 도약하려면 공평과 정의가 사회의 기초로 자리 잡혀야만 한다. 이러한 시대의 과업을 이루기 위해 교회가 공평과 정의를 가르쳐야 한다. 시대의 과업은 차치하고 우리 기독교가 보다 성숙해지기 위해서라도 공평과 정의를 가르치고 실행해야 한다. 나는 이러한 시대가 저 앞에 왔다고 생각한다.

아래에 소개할 여러 추천사는 이 글에 사용된 참고자료 가운데 하나인 『정의란 무엇인가』를 우리 교계에서 널리 알려진 분들이 추천한 글이다 (2012년에 출간된 책이다). 이 가운데 몇 개만 보자.

'오늘날처럼 탐욕이 앞서는 시대에 정의의 실천에 대한 촉구는 무엇보다 중요한 성경의 메시지다. 읽은 내내 내가 어떤 진리를 믿고 있고 어떤 하나님을 믿고 있는가 생각하게 만들었다. "여호와께서 네게 구하시는 것은 오직 공의를 행하며 인자를 사랑하며"(미 6:8). 이것이 진리임을 다시 한 번 마음 깊이 새길 수 있었다.'
- 홍정길 〈남서울은혜교회〉 담임목사, 기윤실 이사장

'… 미국과 비슷하게 국내에서도 개인구원을 강조하는 진영과 사회정의를 앞

세우는 진영이 나누어져 있다. 이 책은 예수 그리스도의 구원의 은혜를 제대로 체험한 자는 필연적으로 공의를 추구하며 살게 된다는 것을 꿰뚫어 보여 준다. 정의로운 삶에 대해 새롭게 생각하게 하는 너무나 좋은 책이다.'
- 손인웅 〈덕수교회〉 담임목사, 한국기독교목회자협의회 명예회장

'… 정의란 사회 속에서의 올바른 관계이며 올바른 관계는 곧 사랑으로 나타나야 한다. 정의는 사랑으로 열매 맺어야 진정한 정의이다. 하나님의 정의는 따라서 사랑을 행하는 정의이고, 은혜를 베푸심으로써 이루어지는 정의이다. 오늘날 정의를 부르짖는 사람들이 잃어버린 것은 관대한 사랑의 마음이다. 그리고 사랑을 추구하는 사람들이 잃어버린 것은 사회적 정의이다. 어느 한쪽이든 포기하면 온전한 사랑과 정의가 이루어질 수 없다. 하나님의 사랑만이 정의로운 사랑이요, 사랑이 가득한 관대한 정의이다.'
- 이재훈 〈온누리교회〉 담임목사

'개인주의와 개교회주의에 물든 미국식 값싼 은혜, 값싼 복음의 후유증에 시달리는 한국 교회에 하나님의 공의를 설파하는 미국 목사님의 책을 추천하는 일은 아이러니한 일이다. 사회복음과 정의를 함께 전했던 캐나다 선교사들이 주로 활동했던 북한과 만주 지역이 개화기 기독교 부흥의 진원지가 되었고, 스코필드 박사에게 성경을 배운 김근태 선생이 사회정의를 위해 민주화 운동으로 뛰어들었던 것도 우연한 일은 아니다. 이 책은 성경에 나타난 가난한 자들을 위한 공의가 어떻게 하수처럼 흘러가야 하는가에 대한 해답으로서 온전한 복음의 정수를 보여 줄 것이다.'
- 정진호 〈연변과학기술대학교〉 교수

'… 오늘날 많은 사람들이 정의가 구현되는 사회를 찾고 있다. 그런데 잘못 행

한 자를 징계하고 부당하게 희생당한 자를 보살피는 정의는 잘못하면 차갑고 냉정하기 쉬운데 반해, 성경이 가르치는 정의는 가난하고 약한 자들을 향한 은혜롭고 따뜻한 정의라고 이 책은 강조한다….'
- 화종부 〈남서울교회〉 후임목사

'진보와 보수, 빈과 부, 사랑과 정의, 자유와 평등은 진정 대립하고 갈등하여야만 하는가? 교회의 사회, 성경과 삶, 영성과 사회참여, 복음주의와 에큐메니칼, 신앙과 신학은 어떻게 하나님의 나라를 위한 동반자가 될 수 있을까? … 팀 켈러 목사는 세계적 현안인 정의에 대한 신앙적 통찰과 선교적 실천의 단초를 제공함으로써 정체성과 사회적 책무를 함께 수행하는 길을 제공하고 있기에 기쁜 마음으로 이 책을 추천하는 바이다.'
- 임성빈 〈장로회신학대학교〉 교수

'… 이번에 그는 정의를 들고 우리에게 다가왔다. 사실 정의는 오늘날 강단에서 가장 잊힌 단어 가운데 하나일 것이다. 순종의 정신은 넘치지만 "정의를 하수같이 흘리라"는 아모스의 외침은 외면당하는 것이 한국 교회의 슬픈 현실이다. 켈러 목사는 이 책을 통해 정의에 지독히도 무감각한 우리의 나태한 마음을 일깨운다. 책을 읽다 보면 진정한 '하나님의 정의'를 알게 된다. 성경을 정의의 관점에서 바라보게 된다. 잠시 잊어버렸던 정의를 되새겨 준 좋은 책이다.'
- 이태형 〈국민일보〉 부장

위의 분들 모두가 보수 교회와 보수 교계에서 활동하는 분들인데도 정의를 기쁘게 반긴다. 이러한 의식을 매체에서 표현하는 것은 보수 교회의 20년 전과 비교하면 매우 낯선 모습이다. 이러한 의식이 모아져 분명히 한국 교회에는 변화가 일어났다. 그 변화를 확인한 사건이 '대통령탄핵'이다.

세대와 신분과 성별과 사는 지역에 관계없이 수많은 국민이 광장에 나와 '어둠은 빛을 이길 수 없다'며 탄핵을 외쳤다. 광장에 나온 국민 중에 내가 졸업한, 보수신앙을 가르치는 대학원의 교수님도 있었다는 사실을 나중에 알았다. 그 광장에는 다수의 그리스도인이 있었을 것이다. 바로 이들로 대변되는 그리스도인의 의식변화에 대천덕 신부님을 비롯해서 위의 추천사를 쓰신 필자들과 같은 분들의 노력이 교인들의 의식 밑바닥에서 마그마처럼 흐르다가 탄핵으로 폭발했다고 생각한다. 이런 점에서 일단의 그리스도인의 의식은 새 시대의 해를 맞이하기 위해 벌써 언덕에 올랐다고 해야 옳다. 이제 그리스도인 모두가 같은 생각을 가지고 새 시대를 맞아야 한다. 나는 저 언덕 너머에서 한국 교회의 새날이 벌써 동텄다고 믿는다!

⬡ 여섯

새 노래로 새 시대를 부르자

1. 찬양의 역할과 능력은 크다

* 우리는 성경의 뒤에 달린 노래를 찬송가라고 하고, 그 외의 노래는 흔히 찬양(Christian Contemporary Music)이라고 부른다. 이 글에서는 찬송가와 찬양을 통칭해 찬양이라고 하겠다.

찬양은 피조물의 합당한 행위다. 사람은 스스로의 능력으로 태어나지 않았고 우연히 태어나지도 않았다. 우리는 하나님의 섬세한 계획 아래 그분의 영을 받고 태어났다. 이 세상에 내가 없어도 아무 문제가 없지만 유일무이한 나를 창조하셨다. 삶을 주시고 나와 관계를 맺으시고 이 세상을 동행해 주신다. 모든 피조물이 하나님을 찬양하듯이 피조물 중의 피조물인 사람이 하나님을 찬양하는 일은 당연하다. 할렐루야 우리 하나님께 찬양함이 선함이여. 찬송함이 아름답고 마땅하다(시 147:1). 사람이 하나님을 찬양함은 올바른 질서다.

또 찬양은 하나님을 알아드리는 행위다. 찬양은 하나님 되심을 드러내고 알리고 선포하는 행위다. 하나님께서 선하신 성품과 올바른 뜻으로 우주를 창조하셨고, 그 뜻을 우리와 더불어 이뤄 가시는 행보를 알아드리는 행위다. 하나님의 모든 행위가 선하시고 올바르다는 것을 알아드리는 행위다. 내가 원하지 않는 사건이 일어나도 좋은 뜻이 있음을 알아드리는 것이다. 하나님께서는 우리가 하나님을 하나님으로 인정할 때 기뻐하신다. 찬양은 하나님의 성품과 능력과 지혜와 경륜과 계획을 인정해 드리고 그 모두에 우리가 동참하는 행위다. 오라, 우리 여호와를 노래하자. 우리를 지켜 주시는 하나님께 기쁜 노래 부르자(시 95:1).

찬양은 하나님께 드리는 행위이지만 동시에 부르는 사람과 듣는 모두가 영향을 받는다. 찬양은 하나님을 찬양하는 내용이 부르는 사람과 듣는 모두에게 가르쳐지는 행위다. 찬양은 부르면 가르쳐지므로 가사를 이루는 단어 하나마다 우리의 신앙을 이룬다. 또 찬양은 음악이므로 당연히 부르는 사람과 듣는 사람의 정서에도 영향을 준다. 아름답고 고결한 선율을 부르면 영혼이 살아난다. 찬양은 지성을 가르치고 정서를 자극하여 의지에 변화를 준다. 할렐루야 새 노래로 여호와께 노래하며 성도의 모임 가운데에서 찬양할지어다 (시 149:1).

한 방송사의 조사에 따르면 우리 국민이 가장 좋아하는 노래는 '아침이슬'이라고 한다. 많은 사람이 이 노래를 함께 부를 때 이뤄지는 일체감과 정서를 알 것이다. 좋은 노래 한 곡이 국민 전체를 하나로 모으고 큰 영향을 주듯이 찬양 한 곡이 영혼도 살리고 교회도 살린다. 찬양을 늘 부르는 사람과 교회는 건강하다. 마귀의 계략과 유혹도 이긴다. '내 주는 강한 성이요'를 직접 자작곡할 정도로 찬양을 중요하게 사용한 마르틴 루터는 다음과 같이 말했다.

음악은 대언자의 기술이며, 영혼의 동요를 가라앉히는 유일한 기술이며, 하나님이 우리에게 주신 것들 중 가장 장대하고, 그리고 가장 유쾌한 것이다.

우리 한국인은 음악을 좋아하는 민족이고 한국 교회도 예배에 음악을 적극 도입했다. 교회가 음악을 장려하자 뛰어난 음악사역자들이 많이 배출됐다. 이들의 노래는 우리의 신앙이 되었고, 교회의 문화가 되었다. 한국기독교가 이만큼 발전하는 추동력이자 가르침이 되었다. 우리는 열악한 환경에서도 하나님을 즐거이 노래한 이들을 통해 많은 은혜를 누렸다. 이들이 만든 노래는 앞으로도 우리 입에서 불릴 것이고, 수고는 우리 마음에 오래 남으리라.

한편, 하나님께서는 새 노래로 찬송 받으시기를 원하신다.

새 노래로 여호와께 노래하라. 온 땅이여 여호와께 노래하여라(시 96:1).

하나님이여, 내가 주께 새 노래로 노래하며 열 줄 비파로 주를 찬양하겠습니다(시 144:9).

저희가 보좌와 네 생물과 장로들 앞에서 새 노래를 불렀다. 땅에서 대속함을 얻은 십사만 사천 명밖에는 능히 이 노래를 배울 자가 없었다(계 14:3).

헌 노래(?)도 불러야 하지만 새 노래도 계속 만들어 불러야 한다. 하나님의 성품과 행하심을 다양한 표현으로 계속 창안해 높여야 한다. 또 사람이 세대마다 다른 의식과 취향을 가지기 때문에 바뀐 신세대의 의식과 취향에 맞는 곡이 계속 필요하다. 새로운 시대를 구할 때도 새 노래가 필요하다. 이스라엘이 광야에서 자신들의 현실을 담은 노래를 부르면서도, 앞으로 들어갈 가나안을 그리는 노래도 부르는 것과 같은 이치다. 새로운 시대로 나가기 위해 새로운 비전이 담긴 새 노래가 필요하다.

지금 한국 교회는 새 시대를 맞이하기 위한 새 노래가 절실히 필요하다. 새 시대를 열기 위해 새 노래를 불러야 한다. 우리가 지향하고 애타게 찾는 그 세계를 불러야 할 때가 바로 지금이다!

2. 현 찬양이 극복해야 할 점

찬양에 대한 문제의식도 예수원에서 시작됐다. 다양한 교파 출신들이 모인 예수원은 찬양도 찬송가, 찬양, 성공회성가, 떼제공동체찬양, 국악찬양 등 다양한 곡을 부른다. 매주 화요일 저녁예배는 '찬양예배'라고 해서 온전히 찬양만 부른다. 이 시간에 국악찬양을 부를 때면 대 신부님이 활짝 웃으시며 긴 팔을 펴고 덩실덩실 춤을 추기도 하셨다. 참으로 소중한 추억이다.

화요일 저녁 찬양예배에서 필자가 예배를 인도하고 있다.

누구나 말할 자유가 있는 예수원 예배에서 사회자가 찬송가집이나 찬양집에서 한 곡을 골라 부르려고 할 때나 부르고 난 뒤에 가끔 대 신부님은 이런 말씀을 하셨다.

"이 찬송가 가사에 '구속'이라고 돼 있는데 이 단어는 '자유를 박탈한다'는 뜻으로 오해하기가 쉽습니다. '대속'이라고 고쳐 주세요."

하시고는 볼펜을 꺼내어 가사를 고치셨다. 우리도 각자 가사를 고쳤고 다음부터는 고친 가사로 불렀다. 이런 까닭에 예수원의 찬송가집과 찬양집의 여러 곳에는 필기구로 고친 가사가 있다. 어릴 때부터 노래에 관심이 많았던 나는 이러면서 찬양에 대한 문제의식이 싹트기 시작했다.

대 신부님은 『신학과 사회』에서 미성숙한 신학이 어떤 신학이고, 미성숙한 신학이 어떤 문제를 낳는지 말씀하셨다(이 책이 다시 『신학과 사회에 대한 성경의 가르침』으로 출판됐다가 최근에 『대천덕 신부의 하나님의 나라』로 재출간됐다. 이 귀한 책을 권한다). 그다음에 미성숙한 신학이 생긴 원인에 대해 말씀하신다. 첫째는 성경번역이 올바로 되지 않아서. 둘째는 균형 잡히지 않은 찬송가. 셋째는 교회역사에서 진리를 죽이고 거짓을 따른 행위다.[1]

미성숙한 신학이 나오게 된 또 다른 이유는 찬송가 가사에 있습니다. 우리의 찬송가는 주로 새로 믿는 사람들, 처음 믿게 된 사람을 위한 것입니다. 보통 처음 예수를 믿어 기쁘고 흥분된 그때 아름다운 성가를 많이 짓는데, 책임감에 대한 말은 별로 없습니다. "은혜를 받았다! 할렐루야, 할렐루야! 은혜를 받았다! 받았다! 받았다! 받았다…!" 그런데 내가 남들에게 무언가를 주겠다는 말은 별로 나오지 않습니다. … 왜 찬송가가 불균형하게 되었습니까? 선교사들은 새로 믿는 사람들을 위해서 이것이 필요하다고 생각할 수 있겠지만, 새로 믿는 사람들도 늘 부르는 찬송가에 익숙해져서 다른 것을 원하지 않습니다. 또 지금 예수전도단이나 여러 선교단체들에서 새로 나온 성가가 많은데, 그것도 새로 믿는 사람, 새로 성령 충만함을 받은 사람을 위한 것입니다. 나쁜 것은 아니지만 그것만으로는 부족합니다.

우리가 부르는 찬양에는 은혜를 받았고 더 달라는 가사가 압도한다. 은혜를 받아 보니까 너무나 좋고 이 은혜를 더 받고 싶으니 더 달라고 한다. 처음에 믿고 은혜를 받았을 때는 이 가사가 적절하지만 이 사람이 십 년 이십 년이 지났는데도 여전히 달라고 하니 문제다. 은혜를 받았으니 이제 나도 누군가에게 은혜를 나누겠다, 사랑을 나누겠다, 가난하고 고통 받는 사람을 위해 살겠다는 찬양을 불러야 하는데 말이다. 아이처럼 계속 달라는 말을 반복하는 사람의 신앙이 어떻게 성숙해지겠는가?

그 달라는 가사의 주어가 '나'라고 하는 일인칭단수로 표현되는 점도 문제다. 일인칭단수를 사용해야 할 가사가 있지만 '나 나 나 나 나'에게 은혜를 달라는 가사가 너무나 많다. 단수를 복수 '우리'로 해서 부르면 전체가 그리스도의 몸을 이루는 의식을 공유할 텐데도 '나'라고 불러서 교인을 각각 파편처럼 나누는 의식을 심어 준다. "내 주님이시여 내게 은혜를 주소서"라고 부르면 옆 사람과 나는 연결이 끊어지지만 "우리 주님이시여 우리에게 은혜를 주소서"라고 하면 모든 회중이 하나라는 의식을 갖게 된다. 찬양이 은연중에 나만 은혜 받으면 된다는 이기심을 장려하는 역할을 하고 있다.

대 신부님은 '주기도문' 노래에서 '우리가 우리에게 죄 지은 자를 용서하여 준 것같이'를 뺀 것도 지적하셨다. 작곡에 가사를 맞추느라 뺐는지 모르지만 '내게 잘못한 사람을 먼저 용서해야 하나님도 나를 용서하신다'는 게 예수님의 가르침이다. 그렇지만 주기도문 노래에는 내가 해야 하는 용서는 없이 나는 용서해 달라고 하므로 예수님의 가르침을 왜곡하고 말았다. 대 신부님은 '한국 교회에는 내게 죄 지은 사람을 용서해야 하는 정신이 매우 부족한데 이러한 정신이 주기도문 노래에도 들어갔다'고 하셨다. 이렇게 만들어진 주기도문 노래는 용서는 없고 용서를 받으려고만 하는 악습을 가르치는 악순환을 초래하고 있다.

찬양의 가장 큰 문제는 가사가 성경의 많은 진리를 충분히 담지 못하는 점이다. 대 신부님의 말씀을 들어보자.

반면에 시편을 보면 갖가지 주제가 다 나와요. 가난한 사람들이 외치는 소리가 얼마나 많은지 모릅니다. 불의문제, 정의문제, 경제문제, 정치문제… 시편에 다 나옵니다. 옛날 서양 교회에서는 찬송가는 많이 부르지 않고 시편을 성가로 불렀어요.… 이것을 찬트(chant)라고 합니다. 재미있는 것은 아니지만 계속해서(부르면) 머릿속으로 시편 사상이 들어갔습니다. 수도원에서는 시편 1편부터 150편까지 한 달에 다 불렀습니다. … (존) 웨슬리 시대에 일반 신도들이 이와 같은 노래를 잘 이해하지 못하고 또 재미없어 하니까 찰스 웨슬리가 재미있는 노래를 많이 지었습니다. 그 후부터 지금까지 내용이 부족한 것이 얼마나 많은지 모릅니다.[2]

'시편'은 히브리어로 '찬양'이라는 뜻이다. 성경에 나오는 시편은 구약의 유대인들이 악기를 연주하며 하나님을 찬양하는 곡으로 사용했다. 대 신부님이 말씀하시듯이 중세 교회와 수도원은 시편을 읊는 방식으로 성가를 만들어 사용했다. 지금도 성당에 가면 가끔 울려 퍼지는 경건한 곡이 6세기부터 사용된 그레고리안성가다. 그뿐이 아니라 칼뱅이 제네바에서 목회할 때에 시편 150편 전체에 곡을 붙여 찬양으로 만들어 교회예배에서 불렀다. 개신교 탄생에 한 축을 담당했고 특히 장로교의 창시자인 칼뱅이 스스로 시편 전체를 예배음악으로 사용했다는 점을 지금 우리는 상기해야 한다.[3] 성경보다 더 좋은 찬양가사가 있을까? 시편보다 더 좋은 찬양가사가 있을까? 우리가 가장 완전한 가사를 고른다면 시편이 가장 앞자리에 놓여야 함은 자명하다. 이 시편찬송을 부르는 것이 종교개혁 당시에 개혁자들의 상징처럼 되어 로마가톨릭이 개신교를 탄압하면서 시편찬송을 부르지 못하게 금지시켰다. 하고 싶은 말의 요점은 교회가 부르면 안 된다고 생각하는 가사가 시편에 많다는 사실이다. 시편 가운데는 찬양으로 만들어 부르면 이런 노래를 불러도 되나 싶어 어색해 하거나 두려움을 느낄지 모르는 주제가 많다. 그래서 한국 교회에서는 '여호와는 나의 목자시니'로 시작되는 23편이나 '해 뜨는 데부터 해 지는 데까지'와 같이 부담 없는 시편이 여러 곡으로 만들어져 자주 불린다. 시편에 엄연히 기록되어 있고, 과거의 교회와 칼뱅이 노래했다고 해도 한국 교회는 그런 가사를 부르면 안 된다는 의식을 암암리에 가르치며 전수

했다. 그 결과 한국 교회의 찬양은 삶의 현실을 외면하는 곡이 대부분을 차지하게 됐다.

너희 통치자들아, 너희가 정말 정의를 말하느냐? 너희가 공정하게 사람을 재판하느냐? 그렇지 않구나. 너희가 마음으로는 불의를 꾸미고, 손으로는 이 땅에서 폭력을 일삼고 있구나. … 그들을 급류처럼 흔적도 없이 사라지게 해 주십시오. … 의로운 사람이 악인이 당하는 보복을 목격하고 기뻐하게 하시며, 악인의 피로 그 발을 씻게 해 주십시오. 그래서 사람들이 "과연, 의인이 열매를 맺는구나! 과연, 이 땅을 심판하시는 하나님은 살아 계시는구나!" 하고 말하게 해 주십시오(시 58).

정의와 공평을 실행하지 않는 통치자들을 심판해 달라는 찬양이다. '통치자들'이라고 복수를 쓴 것을 보면 이 단어가 왕을 포함해 나라를 다스리는 사람들을 통칭하는 듯하다. 권력을 쥔 통치자들이 불의를 꾸미고 폭력을 일삼으면 백성은 고스란히 당하며 살아야 한다. 공평하고 정의로운 사람들은 더욱 고통과 핍박을 받게 된다. 이런 찬양을 서슬 퍼런 왕조시대에도 불렀다.

하나님이 하늘 모임에서 우뚝 서셨다. 신들의 모임에서 주께서 선언하신다. "너희는 불공평한 재판을 중지하여라. 하늘 일마다 못된 짓만 하는 자들을 언제까지나 편들려 하느냐! 가진 것 없어 서러움당하는 이들과 기댈 데 하나 없는 고아들을 감싸 주어라. 빈민과 없는 이들의 억울한 사정을 풀어 주어라. 가진 것 없어 서러움당하는 가난한 이들과 오갈 데 없는 민중들을 건져 주어라. 하는 짓마다 못된 짓만 일삼는 것들의 마수에서 그들을 구해 주어라." 그런데도 그들은 그리도 무지하구나. 그들은 그렇게도 깨달음이 없구나. 캄캄한 한밤중에 길을 가는 것과 같으니 정의가 이 땅에서 자취를 감추었구나…(시 82:1-5).

이 시편은 재판관들에게 불공평한 재판을 멈추라고 한다. 재판관이 못된 자들을 편드는 까닭은 이들에게 돈과 권력이 있기 때문이다. 이들이 권력과 돈으로 가난한 자들을 착취하는 짓을 멈추게 하고, 가난한 사람들을 도와주라고 한다. 마땅히 그래야 하는데도 마음이 어두워져 깨닫지 못한다. 그러자 정의가 없는 사회가 되고 말았다. 이런 노래를 칼뱅과 교회가 불렀다. 장로교의 조종祖宗이 불렀는데 지금의 장로교회가 부르지 못할 까닭이 뭐란 말인가!

하나님, 주께서 지니신 정의를 본받아 다스릴 수 있도록 임금에게 가르치소서. 주께서 지니신 공의를 본받도록 왕자에게 허락하소서. 주님의 백성을 올바르게 판결하게 하소서. 고난 받는 이들을 정의로 판결하게 하소서. 정의로 다스릴 때 산들이 백성에게 평화를 가져오리라. 언덕들도 번영을 가져오리라. 임금이 빈민을 공정하게 다스리며 임금이 영세민을 돕게 하소서. 가진 것 없어 서러움당하는 이들 등쳐 먹는 자들을 쳐부수게 하소서.… 그는 살려 달라고 부르짖는 영세민을 구해 주고 어디 하나 도움 받을 데 없는 빈민을 건져 주리라. 가진 것 없어 서러움당하는 이와 궁핍한 이를 불쌍히 여기고 가진 것 없어 오갈 데 없는 영세민의 목숨을 건져 주리라. 대낮에도 자행되는 고문과 폭력에서 없는 이들을 건져 주고 그들의 목숨을 귀하게 여기리라…(시 72:1-4; 12-14).

이 시편은 왕자가 나라를 올바로 다스리는 왕이 되게 해 달라는 솔로몬의 기도다. 왕은 모름지기 재판을 공평하게 판결해야 하고, 가난한 백성을 도와야 하며, 이들을 등쳐 먹는 이들을 심판해야 하고, 고문과 폭력을 당하는 사람들을 구해줘야 하는데 왕자가 이런 왕이 되게 해 달라는 간구다. 이 노래를 지금 우리 시대에 부르면 어떤 노래가 될까?

정권이 바뀌면서 조금 달라졌지만 지난 정권에서 비정규직을 비롯한 가난한 사람들은 억압당했다. 기업은 7백조 원이 넘는 사내보유금을 쌓아 놓았으면서도 비정규직을 양산하고, 이들의 처우를 개선하지 않고, 정부는 최저임금을 최저로 인상하는 등의 정책을 추진했다. 언론의 자유도 옥죄어서 옳은 말을 하면 불이익을 당하고 옳은 말을 해도 그 말이 옳은 말인지 그른 말인지도 모를 만큼 거짓이 참을 잡아먹은 시절이었다. 따라서 시편 72편대로라면 우리 교회는 대통령과 검찰과 법원과 경찰이 공평한 법 집행과 재판을 하고, 가난한 이들을 등쳐 먹는 기업을 심판해 달라고 하며, 대통령과 장차관과 국회의원과 재벌이 가난한 사람을 구하게 해 달라는 찬양을 드려야 했다. 72편대로라면 말이다. 설사 현실을 이렇게 인식하지 않는다 해도 시편은 태평성대에도 불러야 하므로 72편도 82편도 불러야 한다.

이렇듯이 한국 교회는 시편에 담긴 사회정신을 외면하는 찬양을 주로 부른다. 하나님께서 가난한 이들과 약자들의 고통을 해결해 달라는 노래를 부르라고 하는데도 외면한다. 하나님께서 위정자들이 어떤 정책을 펼쳐야 하는지 분명하게 노래하라고 하는데도 모르쇠다. 한국 교회는 마치 진공관 속에서 사는 것처럼 사회현실을 쏙 빼고 부른다. 이렇다 보니 한국 교회는 신앙을 현실에 적용하지 못하는 미성숙한 신앙인을 양산하고 있다.

3. 새 노래로 새 시대를 부르자

다시 말하지만 시편은 우리에게 '새 노래로 여호와께 노래하라'(시 96:1)고 한다. 하나님께서는 그 시대 사람들의 삶과 감성이 담긴 새 찬양을 듣고 싶어 하신다. 또한 우리가 새롭게 되려면 그에 걸맞는 찬양을 불러야 한다. 새 술은 새 부대에 담으라는 예수님의 가르침에 따라 우리가 새 술이 되기 위해서는 찬양이라는 새 부대를 먼저 준비해야 한다. 이러한 찬양을 지금 개척을 준비하는 '구하는사람들교회'에서 만들어 보급할 계획이다. 예수원에 있을 때부터 이 일을 꿈꿨다. 나뿐 아니라 누구라도 이 글에 공감이 된다면 스스로 새로운 찬양을 자작곡하기를 권한다. 곡은 누구나 만들지 못해도 가사는 누구나 쓸 수 있다(좋은 가사가 있다면 내게 보내 주기 바란다).

지금까지 찬양은 '나와 하나님과의 관계'를 주로 노래했고, 그 다음에 '하나님 안에 있는 우리의 관계'를 노래했다. 이제는 여기에 더해 '우리와 사회와의 관계'를 담은 노래가 필요하다. 신앙은 이렇게 3단계인데 우리 복음주의 교회는 그동안 2단계에서 머물렀다. 지금 우리에게는 1-2단계도 새 노래가 필요하지만 3단계인 '우리와 사회와의 관계'를 다룬 노래가 절실히 필요하다. 새 노래의 주제를 정리하면 다음과 같다.

- 성령님의 성품과 역할 그리고 우리 가운데 초청
- 하나님과 나와의 코이노니아, 우리 서로의 코이노니아, 우리와 사회와의 코이노니아
- 사회현실을 담은 공평과 정의
- 교회가 하나 되기를 소망
- 대도의 은혜와 필요를 장려 등등

이밖에도 얼마든지 찬양할 주제는 많다. 모든 진리는 찬양으로 불려야 한다. 다음은 새로운 찬양으로 내가 틈틈이 써 둔 가사를 소개한다.

우리 성령님

우리 성령님

급하면 찾고 외면했네
도움만 받고 거절했네
이제는 따를게요 성령님
교제를 나누어요 성령님
우리에게 와 주세요
어서 빨리 와 주세요

급할 때는 눈물콧물 흘리며 성령님을 찾다가 문제가 해결되면 성령님을
외면하고 마음대로 하는 악습이 우리에게 있다. 이렇게 자꾸 성령님을 거절
하면 기분이 상하신 성령님이 우리를 떠나실 수밖에 없다. 혹자는 성령님이
한국을 떠나 중국으로 가셨다고 한다. 이제는 성령님의 뜻을 따르고 사귀겠
으니 오시라는, 회개와 약속을 하는 가사다.
다음의 가사는 코이노니아를 담았다.

우리는 교회

우리는 교회 사귀는 사람들
하나님과 사귀고 서로가 사귀네
우리가 사귀면 사람들이 우릴 아네
우리가 사귀면 사람들이 주를 아네

우리의 사귐은

우리의 사귐은 즐거울 때 함께 웃고
우리의 사귐은 괴로울 때 같이 울며
내 것을 나누고 함께 사는 것이라

우리가 되는 것이라 우리로 사는 것이라
교회는 주님의 몸 우리는 그 지체
우리가 하나 되면 참 제자가 되네
우리가 한 몸 되면 참 제자가 되네

우리는 하나님의 가족(요일 5:1-3)

우리는 가족
하나님의 자녀
아버지를 사랑하면
형제자매 사랑해
형제자매 사랑함이
아버지 사랑함이라

다음 곡은 가정의 현실을 말했다. 맞벌이를 해야 먹고사는 팍팍한 경제구조 아래 버려진 아이들은 피곤에 절어 늦게 들어오는 부모로부터 충분한 사랑을 받지 못한다. 부모의 사랑에 배고픈 아이들은 사랑과 비슷한 감정을 느끼게 해 주는 '유사사랑- 게임, 술, 담배'에 중독이 되고 만다. 이러한 현실을 청소년사역을 하며 경험했다. 이게 현실이고 이런 아이들이 주일에 교회에 나온다. 이것은 가정에서 일어나는 문제의 하나일 뿐이다. 모든 교회는 가정에 깊은 관심을 가져야 한다.

주여 가정이 깨져 갑니다

주여 가정이 깨져 갑니다
맞벌어야 사는 경제구조에

엄마도 밤늦게 옵니다
사랑이 필요한 아이들은
게임과 술담배에 중독되고
지친 엄마 아빠는
나눠 줄 사랑이 말랐습니다.
우리 가정을 구원하소서(×2)

성경에서 말하는 '구원'은 '문제해결'이라는 뜻이다. 시편에 다윗이 사울을 피해 도망 다니며 지은 시에 구원해 달라는 구절이 많다. 이는 영혼을 구원해 달라는 요청이 아니라 추격자들의 손에서 구원해 달라는, 문제를 해결해 달라는 요청이다. 예수님은 인류의 영혼구원을 위해서도 죽으셨고, 인류의 기막힌 현실문제도 해결하시기 위해 죽으셨다. 우리는 모든 사람의 영혼구원과 아울러 전 세계의 기가 막힌 현실을 구원해 달라고 간구해야 한다.

다음 가사에는 아시아와 아프리카 아이들이 처한 현실을 담았다.

다섯 살짜리 아이가 형들과 함께 아침부터 저녁까지 망치를 들고 뙤약볕 아래에서 돌을 깨야 하는 현실이 기가 막히다. 이들의 부모도 어릴 때부터 돌을 깼지만 가난을 벗어나지 못했다. 이 집안은 언제나 돼야 가난을 벗고 아이답게, 사람답게 살 수 있을까? 임금이 빈민을 공정하게 다스리며 임금이 영세민을 돕게 하소서. 가진 것 없어 서러움당하는 이들 등쳐 먹는 자들을 쳐부수게 하소서(시 72:4).

또 아프리카에서 초등학교에 다녀야 할 아이가 이웃 종족과 자신의 종족까지 살해하는 현실은 얼마나 기막힌가. 어른들은 아이들에게 총을 주고 만행을 장려한다. 아이들은 어른들이 준 마약을 먹고 정신이 나간 상태에서 총질을 한다. 아이는 살인을 많이 저지를수록 칭찬하고 떠받드는 조직에서 영웅이 되기 위해 점점 잔혹해진다. 자신의 아버지에게 총을 쏜 애들도 있다.

이러한 인류의 현실은 남의 현실이 아니라 우리의 현실이다. 하나님께 해결을 구해야 하는 우리의 현실이다.

오 주여 구원하소서

배를 곯는 아이들
돌을 깨는 아이들
총을 잡은 아이들
꿈을 잃은 아이들
오 주여 구원하소서
빨리 도와주소서

이렇게 새로운 찬양에는 내 삶의 현실과 정황이 담겨야 한다. 우리의 현실과 정황을 하나님의 은혜와 자비와 구원과 공평에 연결시켜야 한다. 은혜와 자비와 구원과 공평을 내 기막힌 현실과 정황으로 끌어들여 형상화해야 한다.

다음은 내가 신학대학원에서 교회음악 강의를 들을 때 과제로 제출한 가사다. 그때 과제가 '찬송가에서 한 곡을 골라 가사를 바꿔 보라'였다. 그때는 2015년, 암울한 현실이었다. '세월호시대'가 이어지는 그때 나는 586장 '어느 민족 누구게나'를 선택해 다음의 가사를 붙였다. 지금 이 가사를 부르자는 게 아니라 이런 내용의 가사가 필요하다는 뜻으로 소개한다. 한 번 불러 보기는 권한다.

성령강림 구하자

우리 사회 비정규직 가난한 자 넘친다
하나님이 주신 부를 불공평히 나눈다

하나님은 사랑이자 공평한 분이시니
우리 함께 창출한 부 공평하게 나누자

한국 교회 예수보다 담임목사 더 높다
장로 권사 집사 권찰 계급화가 되었다
참된 사귐 계급화가 박살내어 놨으니
교회답게 서로 섬겨 예수 몸을 이루자

한국 교회 교파교단 갈기갈기 나눴다
자기만이 정통이다 헛된 주장 해댄다
예수님은 서로서로 사랑하라 했으니
지체임을 인정하고 예수 한 몸 이루자

한국 교회 세상처럼 돈을 따라다닌다
하나님을 저버리고 맘몬우상 섬긴다
우리 교회 이제 그만 쇄신될 때 됐으니
간절하게 부르짖어 성령강림 구하자

결론은 성령님이 오셔야 우리의 문제가 해결되므로 간절하게 성령님을 구하자는 가사다. 우리의 죄악은 우리가 지금 하는 회개로는 해결되지 않는다. 회개는 죄에 대한 깊은 각성에서 나와야 효력을 발휘하는데, 우리는 죄의 심각성을 충분히 각성하지 못하고 있다. 그만큼 우리는 하나님과 멀어져서 마음이 돌처럼 굳었다. 오직 성령님이 오셔야 비로소 우리 죄의 심각성을 깨닫게 될 것이다. 오직 성령님을 구해야 한다.

이 가사가 불편한 분도 있겠지만 시편과 성경이 말하는 정신을 고스란히 담았을 뿐이다. 그런데도 이 가사가 불편한 분은 이런 가사를 접하지 않은데서 오는 생소함 때문이리라. 또 어떤 분들은 이 가사가 말하는 내용과 현실은 다르다는 인식을 가졌거나 아니면 성경이 말하는 진리는 이런 것이 아니라고 생각하기 때문이리라. 현실인식은 그 사람이 성장한 가정배경과 배운 지식과 쌓은 경험과 부의 정도와 자기 위치에 따라 다르다. 내가 경험하고 배우고 느낀 당시의 현실은 위의 가사와 같고 지금은 사회현실에 숨통이 조금 트였을 뿐이다. 물론 건강한 교회와 착한 기업가도 많고, 한국 교회가 사회에 좋은 영향력을 널리 주고 있음도 안다.

아무튼 현실이 진리와 너무나 멀어졌을 때 선지자의 외침과 같은, 고발과 촉구를 담은 가사가 필요하지만 이런 찬양은 천 곡 가운데 한 곡이면 된다. 이런 내용의 곡이 필요하다면 잔잔하게 현실을 말하고 부드럽게 요구하는 곡이 되어야 한다.

위에서 소개한 가사보다 더 좋은 가사를 쓸 수 있는 사람은 얼마든지 있는 줄 안다. 다만 이런 가사가 필요하다는 점을 견본으로 보여 주고 싶었다. 누구라도 새로운 찬양을 만들면 되고, 새로운 찬양에는 우리가 구현해야 하는 하나님의 나라가 담기면 된다. 이런 가사를 다음 세 가지 풍의 곡에 담으려고 한다.

- 찬양(CCM)
- 한국형성가
- 국악찬양

'찬양(CCM)'은 현대인의 감성에 맞는다. 남녀노소와 인종에 관계없이 전 세계 사람들이 함께 부를 수 있는 장점도 있다. 찬양 안에도 다양한 장르가 있지만 우리가 흔히 부르는 곡들은 누구나 거부감 없이 부를 수 있는, 표준과 같은 곡들이다. 이 음악에 새로운 가사를 담아 많은 곡을 만들어야 한다.

'한국형성가'는 우리가 현실의 삶에서 세속의 정신을 너무나 강력하게 강요당하며 살고 있다는 문제의식에서 나온 찬양이다. 우리는 학교교육과 언론과 텔레비전과 대중예술로부터 육체의 욕망을 부추기는 말과 이미지를 너무나 강력하게 받으며 산다. 우리는 세속의 살벌한 논리와 달콤한 유혹에 마음과 정신을 빼앗겼다. 더구나 현대인은 복잡하고 불확실한 사회에서 상처, 외로움, 슬픔, 두려움 등을 안고 산다. 새로운 찬양은 이러한 교인들의 영혼을 감싸 주고 위로하여 치유하고 깨우는 역할을 해야 한다. 이 역할을 한국형성가가 할 수 있으리라 기대한다.

이 한국형성가의 핵심은 '성스러움'과 '소박함'이다. 예수원에 있을 때 미래에 새로운 찬양운동을 하겠다고 꿈꾸면서 성스러움이 담긴 곡이 현대인에게 절실히 필요하다고 생각했다. 이러한 생각은 예수원에서 떼제공동체 찬양과 성공회성가 등 다양한 찬양을 불러 본 경험에서 비롯됐다. 예수원의 분위기와 잘 어울리는 떼제찬양과 성공회성가는 새벽의 신선한 느낌이 난다. 현대인에게 이러한 노래가 필요하다. 한국형성가의 성스러움은 단순한 가사에 소박하고 경건하며 호소력이 있는 분위기를 말한다. 떼제에서 부르는 찬양이 내가 떠올리는 한국형성가와 비슷한 점이 있지만 떼제의 찬양은 신비로운 느낌이 너무 강해서 한국형성가에 맞지는 않다. 또 성공회성가도 좋긴 한데 현대인의 기호와는 차이가 있다고 생각한다. 찬양사역자들과 의논하면서 성령님의 도움을 받아 한국형성가를 찾아야 한다. 어느 설문조사에 따르면 개신교인들이 교회에서 성스러움을 느끼고 싶은 욕구를 채우고 싶어 천주교로 간다는 응답이 있다. 현대인의 영혼을 부드럽게 품어 주고 치유하는 성가가 필요하다.

그다음에는 국악찬양이다. 요즘은 국악찬양을 부르는 교회가 많아져서 반갑다. 좋은 국악찬양이 더 창작되면 더 많은 교회가 부르리라 생각한다. 흥이 나는 국악 곡은 어깨춤이 절로 나고, 슬픈 곡은 깊은 정서의 밑바닥까지 내려간다. 예배에서 꽹과리, 장구, 징, 북을 흥겹게 두드리면 서양인인 대 신부님이 덩실덩실 춤을 추실 정도로 흥이 난다. 특별한 날에는 모두 일어나 덩실덩실 춤도 추고 전통놀이도 했다. 예수님의 죽으심을 아쟁으로 연주하면 첼로보다도 더 깊은 슬픔이 표현된다. 아쟁으로 연주하는 슬픈 찬양은 상한 마음을 치유하는 데 아주 좋다.

한국인은 한국인의 정서가 있고 그에 맞는 박자와 가락이 있다. 우리의 정서가 꽤 서양화 되었지만 수천 년을 이어 온 한국인의 정서는 어디 가지 않는다. 서울월드컵에서 손과 입을 모아 서양인은 힘들어 하는 엇박자 "대~한민국 짜잔 짜 잔 짜!"를 너무나 자연스럽게 하지 않았나. 나는 하나님께서 우리 한민족에게 주신 영성을 우리는 아직 풀어내지 못했다고 생각한다. 우리에게 주어진 영성을 충분히 발현하지 못했다. 우리의 영성을 풀어내려면 찬양이 큰 역할을 해 줘야 하는데 서양음악은 우리의 영성을 온전히 풀어 주지 못한다. 한국인의 영성이 터지려면 우리의 삶과 심정이 담긴 가사를 우리의 박자와 가락으로 노래해야 한다. 한국인이 한국인의 삶과 심정이 담긴 가사를 한국인의 박자와 가락으로 찬양하는데 한국인을 지으신 하나님께서 싫어하실 까닭도 없다.

사람들이 만국의 영광과 존귀를 가지고 그리로 들어가겠고(계 21:26).

계시록에서, 새 하늘과 새 땅이 내려온다. 우리가 영원히 살게 되는 천국 또는 새 예루살렘이다. 구원 받은 사람들은 이 예루살렘으로 들어가게 되는데 성경은 '사람들이 만국의 영광과 존귀를 가지고 그리로 들어가게 된다'고 한다. 대 신부님은 '만국의 영광과 존귀'를 '모든 민족이 가진 고유한 문화'라고 하셨다. 우리가 교회에서 선교대회를 할 때 각국 사람들이 자기 나라의 전통 옷을 입고 나오듯이 새 예루살렘에 들어가는 사람들은 자신들의 고유한 전통과 문화를 가지고 들어간다는 말씀이다.

하나님께서는 모든 민족에게 고유한 전통과 문화를 주셨다. 모든 민족이 피아노로만 하나님을 찬양한다면 얼마나 답답한가. 서양인은 피아노를 치고 바이올린을 켜고, 우리는 사물과 소고를 두드리고 피리와 태평소를 불고, 저 아프리카의 토인들은 젬베를 두드리며 창으로 땅을 치면 얼마나 멋진가! 모든 나라 사람들아, 여호와는 찬양하라 온 세상 사람들아, 우린 주님을 찬송하여라(시 117:1). 모든 민족의 여러 악기로 하나님을 높이면 그 다양함으로 인해 하나님의 영광을 더 많이 더 높이 기리게 됨은 당연하다. 뿔나팔을 불어 주님을 찬양하여라. 비파와 수금으로 주님을 찬양하여라. 북 치고 춤추며 주님을 찬양하여라. 둥다딩 현악기 뜯으며 삘리리 피리 불며 주님을 찬양하여라. 제금 치며 주님을 찬양하여라. 큰소리 나는 징을 치며 주님을 찬양하여라(시 150:3-5).

우리가 만든 이러한 찬양이 한반도 전체와 전 세계에서 불리기를 꿈꾼다. 이런 노래를 부를 때 이뤄지는 하나님의 나라를 보고 싶다. 돌을 깨는 아이들, 총을 드는 아이들과 같이 노래하고 싶다. 그때 나는 보좌와 생물과 장로들을 둘러싼 수천만의 천사들이 찬양하는 노래를 들었습니다. 천사들은 큰 목소리로 이렇게 찬양하였습니다. "죽음을 당하신 어린양은 권능과 부와 지혜와 힘과 존귀와 영광과 찬양을 받으시기에 마땅하신 분이다!"(계 5:11-12).

일곱

분별하고 받아들여라

1. 하나님의 뜻을 아는 방법

우리는 수많은 결정을 하며 산다. 삶은 수많은 결정의 결과다. 언제 어디로 이사 갈지, 어떤 진로를 잡을지, 어느 대학에서 무엇을 전공할지, 어느 직장에 입사할지, 누구와 혼인할지, 자녀는 몇을 낳을지, 어느 교회에 다닐지 등등.

교회는 가정과 비교되지 않을 정도로 많은 결정을 매주 해야 한다. 예배에서 누가 대표기도를 할지, 어떤 내용으로 설교할지, 누구를 부흥회 강사로 모실지, 수련회를 어디로 갈지, 누구를 장로, 권사, 집사로 세울지, 누구를 목사로 임명할지 등등 크고 작은 결정꺼리가 수없이 밀려온다.

대 신부님은 일상에서 우리가 내려야 할 모든 결정을 성령님의 뜻대로 해야 한다고 말씀하신다. 우리는 미련하고 어리석은 사람일 뿐이지만 하나님께서는 지혜가 많으시고 우리 각각에 대해 계획을 갖고 인도하신다. 내 뜻을 고집하면 문제가 일어나게 됨을 인정한다면 당연히 하나님의 뜻을 구해야 한다. 그렇다면 하나님의 뜻을 구하는 우리가 크고 작은 결정을 내려야 할 때 무엇이 하나님의 뜻인지 어떻게 알 수 있을까?

야고보서에 다음의 말씀이 있다.

여러분 중에 누구든지 지혜가 부족하거든 모든 사람에게 후히 주시고 꾸짖지 아니하시는 하나님께 구하시오(약 1:5).

대 신부님은 이 구절에서 말하는 지혜가 바로 하나님의 뜻을 아는 지혜, 성령님의 지도를 받아 나온 지혜라고 하신다. 그러니까, 언제 어디로 이사를 갈지, 누구를 장로와 권사와 집사로 세울지 등에 대한 하나님의 뜻을 알게 해 주는 지혜라는 뜻이다. 왜 이 지혜가 하나님의 뜻을 아는 지혜인가 하면,

오직 믿음으로 구하고 조금도 의심하지 마시오. 의심하는 자는 마치 바람에 밀려 요동하는 바다물결 같소(약 1:6). 이 구절에서 '믿음'으로 번역된 단어 '피스티스'에는 '충성'이라는 뜻도 있어서 충성으로 번역하면 더욱 확실한 뜻이 된다고 하신다, 따라서 충성으로 번역하면 '충성하는 마음으로 지혜를 구하시오'라는 뜻이 된다.[1]

우리가 하나님께 충성코자 하여 하나님께 지혜를 구하면 하나님 아버지는 성령을 통하여 우리에게 지혜를 주셔서 알게 해 주시는 것입니다.

어떤 결정을 할 때 먼저 어떤 결정을 내려주시더라도 하나님의 뜻에 충성하겠다는 정신이 있어야 비로소 지혜가 임하여 어떤 게 하나님의 뜻인지 알게 된다는 말씀이다. 열쇠는 충성하는 정신이다. 충성은 '자신에게 어려움이 와도, 손해를 보는 것 같아도, 자기의 생각에 맞지 않아도 아버지의 뜻대로 하는 것이고, 설사 죽는 일이 있어도 하나님의 뜻이면 변함없이, 흔들림 없이 가는 것'이라고 하신다. 너는 장차 받을 고난을 두려워마라. 보아라, 마귀가 장차 너희 가운데 몇 사람을 옥에 던져 시험을 받게 할 텐데 너희가 십 일 동안 환난을 당한다. 그렇지만 네가 죽도록 충성하라 그러면 내가 생명의 면류관을 네게 주겠다(계 2:10).

하지만 '하나님의 뜻에 충성할까? 내 뜻대로 할까?' 하며 두 마음을 품은 사람은 충성되지 않으므로 바람에 밀려 요동하는 바다물결같이 흔들린다. 이런 사람은 지혜를 받지 못한 채 계속 흔들리며 살아갈 뿐이다. 어떤 어려움이 있어도 '하나님의 뜻대로 하겠다는 정신(충성)'이 있어야 하나님의 뜻을 알 수 있다. 흔들리는 사람은 큰 성취를 해도 하나님 앞에 가면 하나님의 뜻이 없는 일을 했기 때문에 그 성취는 모두 불타고 만다. 반대로 미미한 일을 했어도 하나님의 뜻을 따랐다면 하나님께서 상을 주시지 않을 도리가 없다.

이러한 지혜를 몰랐다고 해도 올바른 그리스도인이라면 하나님의 뜻을 묻고 결정해 왔을 것이다. 이제 확실하게 알았다면 더욱 충성하면 된다. 두 마음을 품고 살아온 사람은 지금 당장 실행해 보시라. 이제는 무엇이든지 하나님의 뜻을 따르겠다고 말씀드리자. 이어 결정해야 하는 사항을 말씀드리고 지혜를 달라고 구하자. 그러면 성령님이 주시는 지혜가 임하여 결정하지 못하고 미적대던 사항도 판단이 내려진다. 흐릿하던 앞이 환해지는 경험을 할 수도 있다. 하나님의 뜻을 분명하게 알았다고 여겨지면 실행할 힘을 달라고 기도하고 추진하면 된다. 다음에 또 결정할 사항이 생기면 또 하나님의 뜻대로 하겠다고 말씀드리고 지혜를 구하시라.

지금 소개한 '하나님의 뜻을 아는 지혜'는 '코이노니아, 열매, 능력'과 더불어 신부님이 말씀하신 '성령님의 네 가지 사역' 가운데 하나다.

2. 참과 거짓을 분별하는 방법

질문을 하고 싶다.

지금까지 이 책에서 말한 내용이 참이라고 여겨지시나 거짓이라고 여겨지시나?

여러분은 어떤 견해나 정보가 참인지 거짓인지를 어떻게 판단하시는가?

예수원을 내려온 뒤에도 지금까지 가끔 대 신부님의 책을 본다. 예수원에서 신부님에게 직접 자주 들은 내용이고 여러 번 읽은 책이기도 해서 어떤 내용인지 빤히 알면서도 읽을 때마다 감탄이 나오며 다음의 질문이 저절로 떠오른다.

'대 신부님은 도대체 어떻게 이런 진리를 깨달은 거지?'

예수원에 살며 진지하게 진리를 찾은 사람이라면 이 질문의 답을 안다. 신부님이 수없이 직접 말씀하셨고, 여러 책에도 있기 때문이다. 말하면, '진리면 무조건 실행하겠다는 정신'이다. 신부님은 강의나 설교를 시작하시기 전에 꼭 이렇게 기도하셨다.

"주여, 이 말씀이 하나님의 말씀인지 사람이 하는 말인지 듣는 사람들이 분별하게 해 주시고, 진리라면 무조건 실행할 힘도 주옵소서. 예수님의 이름으로 기도합니다. 아멘."

하도 들어서 내 머리에 박힌 이 기도를 살펴보자.

'이 말씀이 하나님의 말씀인지 사람이 하는 말인지 듣는 사람들이 분별하게 해 주시고'는 당신이 지금 전하려는 가르침이 참인지 거짓인지를 듣는 사람들이 분별할 수 있게 해 달라는 말이다. 지금까지 나는 설교자가 자신이 전하려는 가르침이 참인지 거짓인지 잘 분별하라고 말하며 시작하는 설교를 본 적이 없다. 오직 신부님만은 당신의 말을 분별하라고 요청하셨다.

이 요청에는 세 가지 전제가 있다.

첫째, 설교자는 자신의 가르침이 참이라고 생각할지라도 사실은 거짓일 수도 있다. 사람은 불완전하다. 불완전하기 때문에 자신이 옳다고 판단한 견해가 얼마든지 옳지 않은 견해일 수 있다. 따라서 불완전한 사람이 작성하는 설교도 얼마든지 옳지 않은 견해가 옳다고 여겨지며 선포될 수 있다. 설교뿐만 아니라 누구의 강의든 책이든 기사든 뭐든 참이 아닌 견해나 정보가 참이라고 여겨지며 유포되는 일은 얼마든지 있다. 요즘은 뉴스도 거짓으로 만들어 사회에 해악을 준다.

둘째, 사람은 외부에서 들어오는 모든 정보를 분별한다(또는 해야 한다). 자신의 견해나 정보가 참인지 거짓인지 분별하라고 요청하지 않아도 우리의 이성은 자동으로 분별한다. 설교도 그렇다. 설교자들이 자신의 가르침을 분별하라고 요청하지 않아도 우리는 회중석에 앉아서 자동으로 분별한다. 우리가 외부에서 들어오는 견해와 정보를 참과 거짓, 아름다움과 추함, 크고 작음, 무거움과 가벼움 등으로 분별하는 활동은 이성의 정당한 활동이다. 요즘은 가짜와 거짓이 하도 많아서 분별을 더욱 잘해야 한다.

셋째, 사람은 참인지 거짓인지를 분별할 수 있다. 사람이 참과 거짓을 분별할 수 있기 때문에 학문과 문명이 발달해 왔다. 참과 거짓을 분별하지 못한다면 이 세계는 대혼란에 빠져 벌써 멸망하고도 남았다. 히틀러 같은 광신자가 대중을 현혹해 무자비한 살육을 저지를 때 독일 교회도 그를 추종했지만 디트리트 본회퍼 같은 사람은 히틀러의 정체를 바로 알고 행동했다. 사람은 참과 거짓을 분별할 수 있다.

너희는 이 세대를 본받지 말고 오직 마음을 새롭게 함으로 변화를 받아 하나님의 선하시고 기뻐하시고 온전하신 뜻이 무엇인지 분별하도록 하라(롬 12:2)

성경도 우리에게 하나님의 뜻을 분별하라고 말한다.

자, 우리에게 분별할 수 있는 능력이 있긴 한데 그렇다면 실제로 분별을 어떻게 해야 하는 것일까? 참과 거짓을 어떻게 알 수 있을까?

신부님은 요한복음 7장에서 답을 찾으셨다.

7장에는 예수님이 초막절을 치르기 위해 예루살렘에 오셨다가 성전에서 가르치시는 장면이 나온다. 이때 유대 지도자들은 예수님의 가르침을 듣고 놀라며 이렇게 말했다. "저 사람은 배우지도 않았는데 어떻게 저런 학식을 쌓았을까?" 이들의 수군거림을 아신 예수님은 "내 가르침은 내 것이 아니라 나를 보내신 하나님의 것이요."(7:16)라고 하신 뒤에 이렇게 말씀하셨다.

"만일 여러분 중에 누구든지 참으로 하나님의 뜻을 행하려는 사람이 있다면 내 가르침이 하나님으로부터 온 것인지 아니면 내 자신의 것인지를 알 것이오"(요 7:17).

이 17절 말씀이 핵심이다. 16절에서 예수님은 자신의 가르침은 자신이 연구했거나 깨달은 내용이 아니라 하나님께서 주신 내용을 대신 전했을 뿐이라고 하신다. 그다음에 17절을 주목해야 한다. 뜻이 명백하지만 더 자세히 풀어보면 이런 말씀이다.

"여러분 중에 누구든지 참으로 하나님의 뜻을 행하려는 사람이 있다면 내 가르침이 하나님으로부터 온 것인지 아니면 내 자의로 말한 것인지 알 것이오. 하지만 여러분은 하나님의 뜻을 실행하려는 마음이 없기 때문에 내 가르침이 하나님의 뜻인지 내가 스스로 말하는 것인지 분별하지 못하오."

그렇다. 분별을 하려면 먼저 '하나님의 뜻이면 무조건 실행하겠다는 정신'이 있어야 비로소 참과 거짓이 분별된다. 유대 지도자들은 안타깝게도 진리라면 무조건 실행하겠다는 정신이 없었다. 그들이 어떤 사람들인지는 그들과 예수님이 대립하는 장면과 그들에게 쏟아내는 예수님의 질타를 보면 안다.

"화가 있어라. 너희 바리새파 사람들과 율법학자들아, 이 위선자들아! 너희는 잔과 접시의 겉은 깨끗이 닦아 놓지만 그 속은 방탕과 탐욕으로 더럽혀져 있다. 화가 있어라. 너희 바리새파 사람들과 율법학자들아, 이 위선자들아! 너희는 아름답게 장식한 무덤 같아서 겉은 좋아 보이지만 그 속에는 죽은 사람의 뼈와 썩은 것이 가득 차 있다"(마 23:25, 27).

이들은 진리가 아니라 욕망에 따라 움직인 사람들이었다. 욕망이 꽉 차 있어서 진리를 실행할 정신이 전혀 없기 때문에 예수님이 아무리 진리를 말해도 진리로 들리지 않았다. 이들이 얼마만한 욕망에 사로잡힌 사람들인지는 구세주로 오신 분을 결국 죽이는 행동에서 극명하게 드러난다. 사람이 욕망에 사로잡히면 구세주도 진리도 보이지 않는다.
그래서 대 신부님은 이렇게 기도하셨다.

"듣는 사람들이⋯ 진리라면 무조건 실행할 힘도 주옵소서."

진리라면 무조건 실행하겠다는 정신이 먼저 있어야 진리인지 아닌지 분별하게 되므로 듣는 사람들에게 진리라면 무조건 실행할 힘을 주시라고 구했다.
그렇다면 여담이지만 신부님이 어떻게 그 놀라운 진리들을 깨달을 수 있었는지도 우리는 알게 된다. 진리라면 무조건 실행하겠다는 정신이 신부님에게 가득했기 때문이다. 신부님의 삶은 이러한 정신으로 진리를 깨닫고 당신이 깨달은 진리가 참인지를 예수원에서 실험해 보고 얻은 결과를 우리에게 가르치는 선순환이 이뤄졌다.
다음의 말씀에서 대 신부님이 17절 말씀을 얼마나 귀하게 여기셨고 또 당신의 가르침에 얼마나 자신감이 있는지 보여 준다.

요한복음 7장 17절 말씀을 봅시다. 나는 이 말씀을 모든 한국 교회들이 단단한 돌에 금으로 새겨서 기억하기를 권하고 싶습니다.[2]

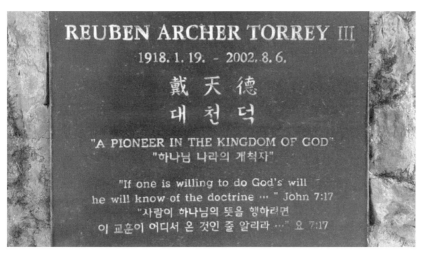

비석은 작다. A4 두 장 크기다. 이 비석의 오른쪽에는 부인이신 현재인 여사의 비석이
있다.

이 요한복음 7장 17절은 신부님이 가장 좋아하신 일생의 말씀이다. 예수
원에 있는 신부님의 조그만 비석碑石에는 이 말씀이 새겨져 있다. 신부님은
떠나온 곳으로 돌아가셔서도 남은 우리에게 당신의 놀라운 깨달음을 돌에
새겨서 조용히 권하신다.

우리가 어떻게 진리를 깨달을 수 있을까?

어떻게 참과 거짓을 분별할 수 있을까?

진리면 무조건 실행하겠다는 정신이 있으면 된다. 진리의 문을 여는 열쇠
는 진리면 무조건 실행하겠다는 정신이다. 이 정신을 열쇠구멍에 넣어야 진
리의 문은 열린다!

대 신부님은 야고보서 1장 5-8절과 요한복음 7장 17절, 이 '두 말씀을 가
지고 일했다'고 하신다.[3] 이 가르침은 매일 하나님의 뜻에 따라 일해야 하고,
매일 진리를 찾아야 하는 우리에게 반드시 필요하고도 매우 유용한 도구다.

이 두 가지는 내가 의지로 결정할 때 주어진다. 어디서 가져올 필요도 없고 어디서 구하지 않아도 된다. 우리가 의지를 보이기만 하면 하나님께서 주신다. 우리 모두 하나님의 뜻을 즐거이 따르자.

"만일 여호와를 섬기는 것이 여러분에게 좋지 않거든 여러분의 조상이 강 저편에서 섬기던 신이든지 혹 여러분이 거하는 땅 아모리 사람의 신이든지 여러분이 섬길 자를 오늘날 택하시오. 오직 나와 내 집은 여호와를 섬기겠소"(수 24:15).

맺음말

성령님과 함께 하나님의 나라로

대천덕 신부님에게 배운 일곱 가지를 모두 나눴습니다(왜 긍휼사역과 전도와 선교는 없느냐고 하는 분들이 있을지 모르겠습니다. 이런 일은 한국 교회가 열심히 합니다). 이밖에도 여러 가르침이 있지만 이 일곱 가지가 지금 필요합니다. 몸을 이루는 지체처럼 서로 긴밀히 연결되어 있는 이 가르침은 그리스도인이라면 모두 갖춰야 하는 진리입니다. 우리는 성령님을 따르므로 열매를 맺어야 하고, 성령님의 능력으로 일하며, 이웃과 코이노니아로 하나가 되고, 공평과 정의를 구해 사회를 책임지며, 이 땅에 하나님의 나라를 이루기 위해 대도하고, 하나님의 뜻을 따라 결정하며, 참과 거짓도 분별해야 하는 사람들입니다. 한 개인과 더불어 모든 교회에서 이 일곱 가지를 실행해야 합니다.

이 일곱 가지를 구비하는 열쇠는 '성령님을 따르는 것'입니다. 어렵지도 않고 복잡하지도 않습니다. 성령님께 기꺼이 순종하면 나머지 진리로 이끌어 주십니다. "진리의 성령이 오시면 그가 여러분을 모든 진리 가운데로 인도하십니다"(요 16:13). '순종'이 핵심입니다. 내 맘대로 하고 싶은 고집과 욕망을 내려놓고 기꺼이 성령님 아래 들어가야 합니다. 순종은, 하나님은 하나님이시고 나는 사람일 뿐이라는 인정입니다. 우리는 사람일 뿐입니다. 우리가 성령님께 온전히 복종하면 서로에게 복종하는 행동도 자연히 하게 됩니다. 우리는 직임, 학력, 재산, 나이에 관계없이 서로에게 복종하는 사이입니다. 순간마다 내 몸을 쳐서 진리와 성령님께 복종하는 훈련을 해야 합니다. 필자도 순종을 배우는 1학년일 뿐입니다. 아울러 필요하다면 스스로 쇄신하십시오. 회개하고 회개에 합당한 열매를 맺으면 그것이 쇄신입니다.

대 신부님은 "언젠가는 한국 교회가 성경과 성령의 인도함을 받은 사람들로 가득 차게 될 것이라고 믿습니다. 그리고 그들이 이 나라를 정의로운 하나님의 나라로 이끌어 갈 것입니다"(마 6:10, 33)[1]라는 담대한 믿음을 남기셨습니다. 이제 하나님께서 우리를 쇄신하셔서 이 일을 하려고 하십니다. 때가 됐습니다. 성령님께 마음을 열고 하나님의 나라로 가십시다!

미주

하나 성령님을 따라야 산다

1) 오정현, 『열정의 비전메이커』(서울: 규장문화사, 1997), 63-64. 대 신부님이 성령님과 친밀한 관계였음을 잘 나타내는 일화다.

2) 대천덕, 『산골짜기에서 외치는 소리』(서울: 기독양서, 2002), 46-61.

3) 위의 책, 58.

4) 이태형, 『더 있다』(서울: 규장, 2012), 266-267.

5) 대천덕, 위의 책, 138-140.

둘 성령님의 능력으로 일해야 한다

1) 이병찬 편찬, 『성서원어헬한완벽사전Ⅳ』(서울: 브니엘출판사, 1989), 503-505.

2) 대천덕, 『산골짜기에서 외치는 소리』(서울: 기독양서, 2002), 79-101.

셋 교회의 본질은 코이노니아다

1) 김은수, 『개혁주의 신앙의 기초』(서울 : SFC출판부, 2014), 136.

2) 이병철 편찬, 『성서원어헬한완벽사전Ⅳ』(서울: 브니엘출판사, 1989), 470, 474-475.

3) 대천덕, 『하나님의 배를 젓는 사람들2』(서울: 쉴터, 1998), 136.

4) 위의 책, 104.

5) 위의 책, 136.

6) 김현진, 『공동체신학』(서울: 예영커뮤니케이션, 2000), 59.

7) 라이프성경 (서울: 대한기독교서회, 1996), 빌레몬서 서론, 351, 153

8) 대천덕, 『우리와 하나님』(태백: 예수원, 1990), 207-208.

9) 김현진, 위의 책, 102. 재인용.

10) 위의 책, 103, 재인용.

11) 김재수 역, 『디다케』(대전: 엘도론, 2009), 100.

12) 대천덕 위의 책, 202.

13) 위의 책, 203.

14) E. H 브로우드벤트, 『순례하는 교회』(고양: 전도출판사, 1999), 130-131.

15) 위의 책, 139.

16) 대천덕, 위의 책 203.

17) Harold S. Bender, "the Anabaptist", 45. 위의 책, 155에서 재인용

18) 대천덕, 『하나님의 배를 젓는 사람들2』, 109.

넷 사랑하면 대도代禱하게 된다

1) "중보기도의 능력", 이동원, '그말씀' (서울: 두란노서원, 2009 2월호, 236호), 138-139.

2) 대천덕, 『산골짜기에서 온 편지1』(서울: 신앙계, 2002), 11.

3) 대천덕, 『우리와 하나님』(태백: 예수원, 1990), 28.

4) 대천덕, 『산골짜기에서 온 편지3』(서울: 신앙계, 2003), 248.

5) 박용규, 『한국교회와 민족을 살린 평양대부흥 이야기』(서울: 한국기독교사연구소, 2013), 34-35.

다섯 공평과 정의가 사회를 구원한다

1) "한국 부패인식지수 '37위→52위'…르완다 보다 낮아", 뉴시스, 2017.1.25.

2) 유기성, "WCC를 논의하되 형제 사랑함으로." 뉴스엔조이, 2013.11.4.

3) 김근주 외, 『희년, 한국사회, 하나님의 나라』(서울: 홍성사, 2012), 107-140; 팀 켈러, 『팀 켈러의 정의란 무엇인가』 최종훈 역 (서울: 두란노서원, 2012); 대천덕, 『대천덕 신부가 말하는 토지와 경제정의』(서울: 홍성사, 2012). 공평과 정의의 뜻을 분명하게 밝히기 위해 이 세 권을 혼용해서 인용하다 보니 어느 부분의 근거제시를 뭉뚱그려서 하는 점이 있다.

4) 팀 켈리 p42,

5) 대천덕, 『대천덕 신부가 말하는 토지와 경제정의』 (서울: 홍성사, 2012), 32-33.

6) "부패방지, 한국경제 경쟁력 제고를 위한 핵심정책 수단 활용 KIEP, '부패방지의 국제적 논의....' 연구보고서" 세정신문, 2017.11.24.

7) "PK 최다 집부자는 창원시 50대, 700채 보유", 부산경남 KNN방송 뉴스아이, 2017.8.30.

8) 박창수 〈주거권기독연대〉 공동대표가 쓴 세입자의 주거권 보호를 위한 설교문 "희년의 사람"에서 인용, 2013.10.17.

9) 김근주, 132.

10) 대천덕, 216.

11) 대천덕, 『기독교는 오늘을 위한 것』 (서울: 무실, 1994), p188.

12) 대천덕, 『대천덕 신부가 말하는 토지와 경제정의』 (서울: 홍성사, 2012), 206.

13) 위의 책 232.

14) 위의 책 90-91.

15) 대천덕, 79.

16) [네이버 지식백과] "흠정역 성서", 출판기획물의 세계사, 커뮤니케이션북스.

17) 류태영, 옥성득, 이만열, 『대한성서공회사 Ⅱ 번역 · 반포와 권서사업』 (서울: 대한성서공회, 1994), 36.

18) 김종필, 『하늘보좌 중보기도』 (서울: 규장출판사, 2012), 310.

19) 위의 책, 312.

20) 위의 책, 313.

21) 대천덕, 『기독교는 오늘을 위한 것』 (서울: 무실, 1994), 190.

22) 민경배, 『한국기독교회사』 (서울: 연세대학교출판부, 2010), 494.

23) 국립서울현충원 누리집, 묘역별 소개-외국인묘역.

24) 이만열, "교회 세습 중지하고 세금 내는 게 예수의 길", 시사인 누리집, 2017.12.28.

25) 민경배, 404.

여섯 새 노래로 새 시대를 부르자

1) 대천덕, 『신학과 사회』(대구: CUP, 1996), 32-44.

2) 위의 책, 39-40.

3) 네이버 교회용어사전: 예배 및 예식 '운문시편'.

일곱 분별하고 받아들여라

1) 대천덕, 『산골짜기에서 외치는 소리』(서울: 기독양서, 2002), 168.

2) 대천덕, 『우리와 하나님』(태백: 예수원, 1990), 11-12.

3) 위의 책, 12.

맺음말 성령님과 함께 하나님의 나라로

1) 대천덕, 『우리와 하나님』(태백: 예수원, 1990), 12.

대천덕 신부에게 배운 일곱 가지
나와 교회와 사회의 어둠를 '밝히는' 해결책!

발행일 2018년 2월 7일 초판 1쇄

쓴사람 정미가엘
펴낸곳 사차원책

출판등록 2016-000022호
주　　소 11613 경기도 의정부시 녹양로 62번길 27-5 201호
전　　화 031) 823-5838(팩스겸용)
전자우편 jamigael@hanmail.net

ISBN 979-11-961923-0-3

값은 뒤표지에 있습니다.